李志华◎著

好员工不仅仅会工作

用歌声吟唱着人生的节奏和旋律；用双
延伸着人生的足迹和希望；用智慧点燃人
的憧憬和梦想。

好员工是企业的中坚力量，是企业真正
脊梁，是企业最宝贵的财富，是其他员工
榜样。

中国商业出版社

图书在版编目(CIP)数据

好员工不仅仅会工作/ 李志华著.
—北京 ：中国商业出版社，2013.4
ISBN 978-7-5044-8036-1
Ⅰ. ①好… Ⅱ. ①李… Ⅲ. ①企业—职工—职业道德
Ⅳ. ①F272.92

中国版本图书馆 CIP 数据核字(2013)第 047039 号

责任编辑：刘毕林

中国商业出版社出版发行
010—63180647 www.c-cbook.com
(100053 北京广安门内报国寺 1 号)
新华书店总店北京发行所经销
北京市德美印刷厂印刷
*
710×1000 毫米 16 开 14 印张 201 千字
2013 年 4 月第 1 版 2013 年 4 月第 1 次印刷
定价：32.00 元
* * * *
(如有印装质量问题可更换)

前言

真正优秀的好员工是什么样子的？我们会数出很多条来，比如，爱岗敬业、诚实守信、认真负责、积极主动、能力超群、善于合作、兢兢业业、敢于创新等等。是的，好员工就是这样，勤奋、努力、认真、细致、忠诚、敬业、负责，成就斐然，功绩卓著，为企业、为公司、为团队作出了卓越的贡献。但如果仅仅只有这些，只会埋头苦干，像老黄牛一样不知疲累，工作确实能十分优秀，可这样的优秀注定难以持久，注定不可持续，因为只会工作，只会苦干，势必会让他们把工作当成生命的全部，而忽略了生命中其他重要的东西，如生活、休闲、享受、意趣，他们就会失去很多交朋结友、经营家庭、培养情趣、关心他人的机会，他们的生活就会枯燥、单调而无味。不久之后，等待他们的，必然是职业枯竭和人生倦怠，不仅失去健康，甚至连对生活的激情和信心也都没有了。这样的好员工，估计没有多少员工愿当，也没有多少企业想要。

好员工不仅仅会工作，也懂得生活。他们不是“两耳不闻窗外事，一心只干岗位活”的苦员工，他们是既会工作又会生活的好员工。不仅把工作干得风生水起、成绩斐然，更善于把生活过得多姿多彩、活色生香。他们休闲、娱乐，他们享受生活，他们善于把工作和生活的关系处理得恰到好处，更善于用优雅的意趣让生活无限精彩！

好员工不仅仅会工作，还会做人。他们总是敬上礼下，谦左让右，心胸宽阔，善良正直，和每一个人都能和睦相处，友好合作，因而他们能左右逢源，人见人爱，工作也就处处如意，顺风顺水。

好员工不仅仅会工作，还会说话。他们善于把话说得入情入理，入耳入心，说得恰当得体、老到圆滑，说得娓娓动听、贴心贴腑，因而不管做什么都能圆满无缺，不管什么事都能做得天衣无缝。

好员工不仅仅会工作，也会交际。他们乐于与人交往，善于经营圈子，广泛搭建人脉关系。他们懂得交际的重要性，懂得人脉的大作用，因而不管是工作中还是工作外，他们都一团和气，热情交际；无论是与上司、与下属、与同事还是与客户都能亲密合作，协同共进，不管对任何人都能做到深浅有度，进退自如，从而使自己在职场得心应手，如鱼得水。

好员工不仅仅会工作，也会展示自己。他们懂得如何在适当的时机、适当的地方适当地展示自己的能力，展示自己的素质，随时随地都懂得以最好的形象出现。因而他们不仅注意自己的外在形象，让自己言行得当，举止得体，仪表整洁，形象良好，而且也十分注意内在的修养，让自己德正品端，心善行良，自然能得到领导的赏识、同事的欢迎和客户的信任，职场之路也必然能走得顺风顺水，一路畅通！

好员工不仅仅会工作，更会休息。他们比谁都更明白休息好才能工作好的道理，把工作安排得张弛有度，让生活过得动静得宜，因而任何时候都生机勃勃，身体康健，工作也会更安心，生活也会更舒心。

好员工不仅仅会工作，更懂得感恩，懂得爱人。他们善于体会生命的幸福，有一颗充满爱的水晶心。他们不仅珍视所拥有的幸福，更甘心为别人付出，把无私的爱奉献给每一个人，而他们收获的，也将是无尽的幸福和快乐！

真正的好员工，绝不仅仅只会工作；仅仅会工作的员工，算不上好员工；只有懂得工作、更懂得生活、不仅让工作成绩卓著，更能让生活精彩多姿的员工，才是真正优秀的好员工。所以，要想成为最好的员工，仅仅会工作是不够的，还要学会生活，学会做人、学会交际、学会说话、学会展示、学会感恩、学会休息、学会爱人，用一颗真诚的心投入到生命的全过程，才能真正享受到生命的芬芳，也才能真正担得起一个好员工的称号。那么，翻开本书吧，我们将会带你踏上一段不仅仅会工作的全新之路，开始一段会工作也会生活的的多彩旅程，本书将引领你把每一天都过得多姿多彩，让每一天都快乐幸福！

目录 Contents

第一章　会生活：多姿多彩，活色生香

真正优秀的员工绝不是“两耳不闻窗外事，一心只干岗位活”的员工，也不是那些只顾埋头工作、不懂得好好休息的员工，更不是那些24小时都想着工作、不顾家庭、没有娱乐也完全没有自己的生活的员工。真正的好员工不仅仅会工作，更懂得生活，他们不仅把工作干得风生水起、成绩斐然，更善于把生活过得多姿多彩、活色生香。

第二章　会做人：八面玲珑，人见人爱

做事是做人的结果，做人是做事的基础。一个好员工光会工作远远不够，还要会做人才能真正把工作做到最好。一个敬上礼下，谦左让右，心胸宽阔，善良正直，八面玲珑的人，必然和每一个人都能和睦相处，友好合作，必然左右逢源，人见人爱，工作当然会处处如意，顺风顺水。

第三章 会说话：恰当得体，左右逢源

会不会说话，不论对于我们做事、做人都相当重要。会说话，把话说得入情入理，入耳入心，说得恰当得体、老到圆滑，说得娓娓动听、贴心贴肺，自然能使你大受欢迎，做人让大家喜爱，做事得大家帮助。把话说得滴水不漏，自然能左右逢源，如鱼得水，事情也一定会办得天衣无缝，成绩斐然。但如果不会说话，言不由衷，辞不达义，言辞失当，冒犯冲撞，可能无意之中已然四面树敌，处处危机，使自己举步维艰，踉跄难行，最终只能一事无成。所以，会说话，不仅是一项基本的职场本领，更是一个优秀员工必备的重要能力。

第四章 会交际：得心应手，广树人脉

好员工绝不仅仅只会工作，他们不管在什么方面都出类拔萃，超然卓越。所谓“世事洞明皆学问，人情练达即文章”，优秀的员工也总是那些会交际、懂关系，善于经营圈子，广泛搭建人脉的人。他们懂得交际的重要性，懂得人脉的大作用，因而他们最善于察言观色，迎来送往，善于搭建关系。他们敬上谦下，左右逢源，八面玲珑，一团和气。与上司、与下属、与同事、与客户都能亲密合作，协同共进，不管是对上司、对下属、对客户都能做到深浅得当，进退自如，从而使自己在职场得心应手、如鱼得水。

第五章 会展示:形象良好,如鱼得水

一个人言行得当,举止得体,仪表整洁,形象良好,自然能得到领导的赏识,同事的欢迎和客户的信任,他的工作自然也能轻轻松松,顺心遂意,职场之路也必然能走得顺风顺水,一路畅通!所以,优秀的员工是最懂得展示的重要也最会展示自己最优秀形象的员工。

第六章 会休息:张弛有度,身体康健

优秀的员工绝不是那种只顾埋头工作、累死累活的员工,这样的员工只会取得一时的成绩,而不可能持续发展。优秀员工不仅懂得努力工作,更会合理休息。所谓"一张一弛,文武之道",只有会休息的员工才会工作,只有休息好才能工作好,只有张弛有度、动静得宜的员工,才是身体康健、身心舒适的员工,也是工作安心、生活舒心的员工。

第七章　会感恩:知恩感恩,珍视所有

感恩是生活的智慧,是做人的根本,也是幸福的秘诀。只有懂得感恩的人,才能深刻体会到当下拥有的幸福,才能感到满足,从而更加珍视所有,更加乐于付出。一个懂得感恩的人,一定是一个真诚待人的人,一个有情有义的人,一个内心富有的人。

第八章　会爱人:满怀爱心,快乐幸福

爱是世间最闪亮的光芒,爱是世间最美好的情感,爱是世间最伟大的力量!一个充满爱心、关爱别人的人,最能感受到人世间最饱满的真情,也最容易体会到爱的芬芳,感受到爱的幸福和快乐。因而,有爱心的人,永远是世界上最幸福快乐的人。优秀的员工总是明白这个道理,他们的内心永远爱意融融,爱自己,爱亲人,爱身边的每一个人,因而,他们时时都能感受到生命的美好、生活的美满,时刻充满快乐和幸福。

第一章

会生活：多姿多彩，活色生香

真正优秀的员工绝不是“两耳不闻窗外事，一心只干岗位活”的员工，也不是那些只顾埋头工作、不懂得好好休息的员工，更不是那些24小时都想着工作、不顾家庭、没有娱乐也完全没有自己的生活的员工。真正的好员工不仅仅会工作，更懂得生活，他们不仅把工作干得风生水起、成绩斐然，更善于把生活过得多姿多彩、活色生香。

1.

生命的意义绝不仅仅是工作

工作可以满足人内在的各种需求，生存的资本，价值的体现、人生的意义……工作令我们展现自己的独特性，并使我们感到举足轻重。在时时受制于外在事物的限制时，工作让我们体验到控制环境的可能性。当我们深感无力时，工作带给我们信心，使我们觉得自己有所贡献，生活忙碌而充实。在疏离冷漠的社会里，工作让我们有机会与人联系、彼此亲近。但是，工作只是人生的一小部分，而不是全部。

都市街道上的车流、城市商场里的人群，还有那些来来往往的、粗糙的、光鲜的、美丽的、丑陋的、年轻的、年老的、晃动的面容与身形，都急急匆匆地穿梭在由高楼与高楼、街道与街道、办公室与办公室，以及公文、数字、契约、票据等构成的立体迷宫中。人们晚睡早起，追逐金钱，追逐名利，追逐声色，追逐事业……经常把自己的家人、亲人冷落一旁，从早到晚忙个不停，而闲情、亲情、友情，乃至爱情，都被人们踩在了匆忙而疲惫的脚步下，塞进了厚薄不一的钱夹中，夹进了厚重的教科书里，甚至扔进了垃圾堆中。很显然这样的生活绝不是真正幸福的生活。

一个常年鏖战于商场的朋友，为了不断拓展的事业而长期在外奔波，忽略了妻子的温柔，忽略了儿子的成长，而他还满心骄傲地以为自己的不辞辛苦让亲人过上了一天强似一天的日子。忽然有一天，积劳成疾的他被送进了医院，诊断结果为癌症。他躺在病床上，望着眼角已爬满细细皱纹的妻子和长得比妈妈还高了的儿子，突然明白自己过去有多傻、多糊涂。优裕的物质生活环境又怎能替代亲人相守的天伦之乐呢？他流着泪向妻儿许诺，只要自己病能好，一家人再也不分开，一起去旅游，去看海，去黄山观云雾。

后来经过复查发现原系误诊，只不过是良性肿瘤，手术后不久他就出院了。他没有忘记自己的诺言，但公司积压已久的事务亟待他去处理，大大小小的会议等着他去出席。他不由得感叹身不由己。黄山云雾，只有在梦里相见了！为什么经历了与死神擦肩而过的惊险，还不能抛开种种俗务的纠扰？忙忙碌碌、忧心忡忡的人，为何不问问自己：什么才是真正要紧的？

到底是工作重要还是生活重要？这是现代人最难的判断题，一不小心就会错。但是，显然，工作绝不是生活的全部。人生最重要的是要活得充实、自在、幸福。明白这一点，对于每个整日为工作而奔波劳碌的人大有必要。

一位华尔街富豪为了暂时逃离辛苦繁重的工作，来到一个小渔村度假，看见一个渔翁钓了三五条鱼就放下了渔竿，躺在沙滩上晒太阳。

富豪很奇怪："这里鱼那么多，你为什么不多钓几条？"

渔夫说："今天我家要吃的鱼我已经钓够了。"

富豪说："你还可以多钓几条呀。"

渔夫奇怪地问："多钓几条干吗？"

"你可以去卖呀。得了钱，你可就可买渔船了，有了渔船，你就可以捞更多的鱼，卖更多的钱！"

渔夫说："我要那么多钱干什么？"

富豪说："那你就可以和我一样，在海边好好享受！就可以悠闲地想钓鱼就钓鱼，想晒太阳就晒太阳，想睡觉就睡觉了。"

渔夫说："我现在不就是想钓鱼就钓鱼，想睡觉就睡觉吗，何必那么麻烦！"

富豪一愣，对呀，何必那么麻烦？我每天那么辛苦地工作，不也就是和渔夫一样吗？还不如他幸福哩，他天天可以这样，我却需要忙里偷闲，下很大决心才能出来放松一阵呀。这位富豪豁然开朗，干脆辞职了也来这海边做了一个自由闲适的渔夫！

工作的目的不仅仅是为了生存，更为重要的是为了给个人的生活赋予意义，赋予光彩。不管你是谁，也不管你是做什么的，作为一个人，你人生最重要的意义莫过于保持愉快平和的心理状态，当然还要使你至爱的情侣、牵挂的亲朋快乐。如果你把心思全放在如何完成工作任务上，你就永远不会找到生活的乐趣。除了工作之外，人生中还要有亲情、爱情、友情、闲适、意趣、爱好……以及一切能够提高生活质量的因素。这些，其实才是生命终极的追求。

所以，那些整天为工作倾尽一切、为工作付出一切的人，真是应当好好想一想，什么才是生命中最重要的？不是业绩，不是夸赞，不是钱财，更不是名利，而是实实在在的、自由闲适的生活！

2. 努力工作是为了更好地生活

工作需要努力，但工作并不是单纯地为了努力而努力，或是为了成功而努力，而是为了我们更好地生活。

生活是重要，但生活既需要有工作作为前提和基础，工作也是生活必不可少的一部分。不能想象一个没有工作或是不工作的人，生活会有什么意义和乐趣。但是工作只是生活的一部分，只是为了我们更好地生活，而绝不是工作就是我们的全部！把工作当成生命的全部的人，即便再辉煌的成功，最终也让自己觉得虚幻和没有意义，只想逃离。

一位公司老总在生意正红火的时候，突然辞了职，一个人跑到美国去进修。有人问他：“为什么呢？放弃你的生意不觉得可惜吗？”他说：“有什么可惜的！人生苦短，做爱做的事，而且要想在有限的一生中比别人活得更好些，就要把人生分成一截一截来过。”他又解释道：“上一截我的主要人生目标是赚钱，现在我认为已经赚够了足以养老的钱，然后这个阶段，也就是今后的五六年，我的主要人生目标就是出国研修、旅游、开眼界，尽享爱情。再往后的一截还没想好，也许会去写书，也许做更大的生意。每一截人生我都认真投入地去做，这样，我的一生会很丰富，尽可能地实现我想要的生活形态。”

没有什么比生活更重要。不论是成功的事业还是虚荣的头衔又或是光鲜的外表，都远远不及平凡踏实的生活。生活是什么？说白了，生活就是过日子，平凡平淡甚至平庸的日子。一位饱经沧桑的老人说过这样一句话：“年少的时候，总觉得人生应该波澜壮阔，才不枉走过一生。”但经过几十年风风雨雨之后，才恍然大悟：人生中精彩的事占 5%，痛苦的事也占 5%，剩下的 90% 则全部是平平淡淡。可惜的是，人们往往为了 5% 的精彩劳累奔波，为了 5% 的痛苦怨天尤人，反而忘记了在这 90% 的平淡中享受生命的快乐。

每个人的日子过得大不一样，就因为每个人对生活的选择大不一样。有的人追求成功，努力奋斗，拼命工作，把生活变成了工作，整天都在忙忙碌碌中过着。除了工作，还是工作，脑子里除了成功还是成功，日子枯燥而单调，在别人看来他的生活索然无味、了无生趣，但他自己却乐此不疲，这是一种生活；有的人纵情声色，只要享受却从不奋斗，把生活过得奢侈糜烂，除了享受还是享受，却我行我素自得其乐，这也是一种生活；还有的人工作努力去干，生活尽心去过，工作生活两不误，既享受了事业的成功，又享受了生活的惬意，这又是一种生活；还有的人工作无能，生活无着，既不知道努力工作，更不愿意好好生活，游手好闲，罪亲损友，无所事事，一生碌碌，了无成绩，这还是一种生活。生活阔大无边，生活无所不包，生活千奇百怪，生活五彩缤纷……什么样的生活都有，每一个人都有自己的生活，而不是每一个人都有自己的工作或事业。

生活就在一天一天的日子里，那还有什么比生活更重要的呢？不要认为生活就是工作，更不要认为工作就是生活，这是完全不一样的，生活肯定比工作重要和丰富得多。除了工作，还有爱情、亲情、友情，还有家庭、孩子、朋友，还有心灵的自我慰藉，身体的至高享受，需求的不断满足和追求的永无止境……还有什么比生活更重要的呢？不管贫穷与富有，高能与低智，不管勤奋与懒惰，生活都要过的，怎么过，在于你的选择。但是要想生活丰富有趣意义重大，找到工作和生活的平衡就至为关键。不管工作多么苦累，也要学会享受生活；不管生活多么平淡，也不放弃对工作的追求。找到生命的乐趣，去发现、去享受生活的快乐；去找寻、去争取生活的快乐；善于去抛弃、去忘记那些不快，这才是真正的生活。

记住：工作不是生命的全部，工作只是生活的一部分，我们努力工作，不过是为了更好地生活。因而，切不可因为工作而放弃了生活。

3. 正确处理生活和工作的关系

到底是工作重要还是生活重要？这是现代人最难的判断题，一不小心就会错。但是，显然，工作不是生活的全部，事业也不是。事业只是人生的一部分，缺乏爱与被爱的生活并不完美。或者说，人生的成功自然包含着人人想得到的功成名就，但它并不是最重要的，更不是唯一照亮世界的太阳，人生最重要的是要活得充实、幸福。明白这一点，对于每个整日为工作而奔波劳碌的人大有必要。他们对于自己从事的工作倾注了无限的精力和时间；因此，无暇亲近可爱的亲人，以至于疏远了彼此生命中最为宝贵的感情。他们并非不需要温馨，他们只是想先把眼下的工作完成，所以他们总是暗示自己："不要紧，这只是暂时的，等我忙完以后，一切都会恢复正常的，我会轻松平静下来，我将愉悦地陪伴我美丽的妻子和可爱的孩子，现在再坚持一下就行了……"但事实上他们的这种愿望少有实现,旧的问题解决了,又会出现新的问题。他们永远在忙乱中踉跄前行,根本无暇顾及生活和家庭。总会有电话等着他们去接,总有某项新工程由他们来策划,总有许多日常工作需要他们来完成。他们的工作就像不断搭乘的一个航班,永远没有终点,只有不断地起飞、降落、换机、起飞……事实上,除非你失去进取心,变成一个完全的懒汉,否则就不要企图悠闲度日,所以他的永远困惑,永远做不对工作和生活的判断题。

要使工作有趣、生活精彩,就必须要学会正确处理工作和生活的关系,要找到工作和生活的平衡点。

首先,要在心理上平衡两者的关系:既爱生活也爱工作——只爱生活不爱工作是享乐主义者,只爱工作不爱生活是工作狂。把工作当成了兴趣,工作时就会觉得很有意思。再从现实的角度看,只有工作好了生活才有物质保障。反过来,只有生活顺利才有心情工作。

其次,要学会调节兼顾到工作和生活的平衡。每天给自己留点时间锻炼,虽不能重新在篮球场上驰骋,但可以做到每天晚上散步半小时,每天留一点时间给自己的家庭,陪孩子写写作业,陪家人聊聊天,每天留一点时间看点书,心静时读点长篇小说,心乱时看点短文,再有点时间还可以听点音乐,上上网……其实把时间挤一挤,我们既可以完成工作,又可以享受生活的乐趣。

钱学森先生不仅在自己的专业方面造诣很深,在很多其他领域都有非常深刻的理解和认识。钱先生不仅是“中国航天之父”、“中国导弹之父”和“火箭之王”,还对哲学、思维、美学、音乐、建筑、园林有深刻的理解。他不仅能够发现生活中的美,并能让生活更精彩美好;他不仅取得了事业上的成功,更享受到了生活的乐趣。

时间需要平衡,空间需要平衡。阴与阳,进与退,亏与盈,好与坏,成与败,都需要平衡。生活的艺术就是平衡的艺术。

一位老伴去世的女士,她用表格式的日记本记日记。那天,儿子无意间看见了她的日记。有一天,她在情绪栏里写着:“高兴,感到时间不够用。”另一天是“舒服极了”。有时更简单:“清闲”、“安宁。”当然,也有不佳之时:“差,不想说话。”“莫名其妙地流了点泪。”刚出差回来的儿子手指着“流泪”这一栏问妈妈:“妈,这是为什么? 哪一天?”她想了半天,想不起来,傻笑自己说:“你瞧,想都想不起来,肯定是什么事儿也没有,自寻烦恼,真是犯不着。”儿子觉得母亲非常了不起,她用记载情绪的方式来管理自己的心情,让自己过得平和而又快乐。

月有阴晴圆缺,人有悲欢离合。俗话说,乐极生悲,忧多伤神,要学会管理情绪,要善于平衡心态,宠辱不惊,恬然淡泊,才能留白天地宽,从容日月长。

杰克·韦尔奇说:工作与生活的平衡是一个交易——你和自己之间就所得和所失进行的交易。平衡意味着选择和取舍,并承担相应的后果。人生在世,扮演着多种角色:父母、子女、夫妻、领导、下属、亲友、同事,同时也相应承担着不同的义务。因此,在寻求美满人生的进程中,如何统筹全局,就成了最大的考验。顾此失彼,因小失大,都会造成人生的缺憾。

只有“平衡”才有真正的快活和幸福,“协调”才能完善地以一个饱满的形象走向你的人生目标。平衡就是生活的智慧,享受丰富人生的前提。

最后,要从终日忙碌中跳出来,别总是把自己弄得疲惫不堪,更不能让忙碌取代了享受生活中的点点滴滴的过程。享受生活也需要拿出时间全身心地投入的! 要懂得享受生活是绝对不是浪费时间。时间之神也并没有规定我们一定要把时间全部分配给劳碌工作中! 怎样合理地分配做到劳逸结合完全是凭自己的拿捏!

窗外的草坪更加绿了,放松心情去嗅一嗅草的清香吧;路边的花儿更加鲜艳,放下工作去花儿那里养一养疲惫的眼睛吧。让自己置身在鲜花绿草中,放眼望去,风景多么美! 万物都有了生命,在呼吸,在体会,在享受! 一对情侣深情相拥着,那种甜蜜应当是超越世间所有的一切吧? 远处的草坪上,还隐约地看见孩童们在放风筝,还有慈爱的母亲在推着待哺的孩子散步! 也有母亲正在教孩子走路! 多么悠闲的场景,多么美妙的天伦之乐!

人不但要工作但更要懂得享受生活! 人生短暂,事业再成功,生活一塌糊涂也无疑是极其失败的,而且是不完整的人生! 天伦之乐,是再多的钱和再至高无上的权利也不一定买得到的美好! 爱、家庭、幸福和美好才是人生最重要的追求,才是生命最为重要的意义和价值! 没有一个幸福的家庭与一个深爱的人伴随左右，你的事业再成功，你也是生活的失败者！

平衡是一种智慧，平衡是一种心境，平衡是一种艺术，平衡更是一种自然的选择。拥有平衡的自然才能生生不息，懂得平衡的人才能进退自如，懂得平衡的人生才能圆通周到，一路顺风。

4. 培养工作以外的情趣和爱好

一个人每天工作 8 小时，睡眠 8 小时，还剩下的 8 小时就是业余时间。这相当于其生命的 1/3。在这 8 个小时内，除去吃饭休息，如果能将剩下的时间好好利用，哪怕每天利用两个小时，一个月就是 60 个小时，一年即为 720 个小时，等于 30 天。加上双休日、节假日，一个人一年的业余时间有 150 多天。所以，千万不要把“业余”当“多余”，而要充分利用业余时间，培养自己的情趣，打造自己健康充实的业余生活。

有一门业余爱好，并能将其发展到很高的水平，可以改变你的人生。业余爱好不但是工作之外的心灵寄托，也是生活中不可或缺的养料。没有业余爱好的人，工作之余容易产生空虚的感觉，他很可能会觉得生活很无聊，不能在闲暇时光中感受生活的幸福。而多多培养自己的业余爱好，不仅让自己的生活更充实，还能让工作更出色。

从 13 岁那年起，俞斌就对摄影产生了兴趣。虽然对摄影很痴迷，但是上大学时他并没有选择摄影相关的专业。亲友就疑惑地对他说：“既然你那么喜欢摄影，那为何不报摄影专业呢？”这时俞斌总是笑着说：“我只想把摄影当作我的业余爱好，我害怕离它太近，反而会厌倦。”

大学一年级的时候，俞斌利用兼职为自己赚足了购买相机的钱，然后一有机会就练习摄影。大学里自由支配的时间很多，别的同学或是在宿舍里睡大觉，或是在网吧里打游戏，再不然就是谈情说爱。但是俞斌把业余时间用来练习摄影，还与学校的一位摄影老师成了朋友，而且从那位老师身上学到很多摄影技巧，汲取了很多摄影的经验。

最初，俞斌练习拍摄动景，例如行驶的汽车、奔跑的人群、校园里行走的同学，都是他拍摄的对象；接着，他又练习静态摄影，建筑、山水成了他拍摄的素材；再后来，俞斌开始练习拍摄动物，那池塘里的鸭子，成天被他追得呱呱乱叫。

带着对摄影的这份热爱和执著，俞斌毕业了。不巧的是，正值金融危机，当学友们都抱怨工作难找的时候，俞斌靠着自己的摄影技能在报社找到了一份工作，并且待遇相当不错。虽然他未曾学习摄影专业相关的课程，但是几年的摄影实践让俞斌学到了不少东西。他的拍摄技术绝对不亚于任何一位摄影专业的毕业生。

工作半年后，俞斌的拍摄作品深受读者和单位领导的肯定，其作品还在评选活动中获奖。一年后，俞斌成了单位图片部的负责人，负责图片拍摄方面的事务。

培养一门业余爱好，拥有双倍精彩的人生。很多时候，我们的业余爱好不单单是充当我们工作的“替补”，更重要的是它让我们在工作之余有所追求，能够从中收获快乐。因为拥有自己的业余爱好，我们才不会那么容易陷入孤寂落寞的空虚境地。业余爱好就像红花边上的绿草，因为有绿草的衬托，红花才显得格外迷人；因为有业余爱好的装点，才能品尝不一样的人生况味。

当你刚刚结束一个无聊的例会回到家后，和家人下盘棋，那种全身心的投入，不但陶冶了情操，还能让你遗忘工作中的疲劳；当你在漫长孤独无事可干的旅途中，闭目回放和球友打球的情景，那将是一个非常愉快的行程。

所以，业余爱好给我们带来的好处多多，我们应该有自己的业余爱好。业余爱好不但会给我们带来丰盈的物质人生、事业人生，更重要的是会丰富我们的精神人生，点缀我们的心灵世界，让我们收获双倍人生。

5. 在休闲中体味生活的真谛

现代人忙，满世界就听到一个忙字。大人们忙赚钱，小孩子也同样身不得闲，就连离退休的爷爷奶奶辈也忙于发挥余热，或养生保健或吟诗作画。总之是社会上下一片忙。

社会要发展，人类要进步，忙是自然要忙的。然而这绝不是人生的全部。人生不仅需要工作，也需要休息；不仅需要忙碌，也需要休闲。我们不能无休止地忙，人生如果没有休闲，就像一幅挤满了山水而不留一点空隙的国画，缺乏美感。人生没有悠闲，就不能领悟、体味、享受人生。所以忙碌中要学会偷闲。

泰戈尔在《飞鸟集》中写道："休息之隶属于工作，正如眼睑之隶属于眼睛。"不会休息的人就不会工作，只有休息好了，才能更好地工作，才会有更好的生活。如果一味地、盲目地去忙，连革命的本钱都搞垮了，那人生也就没有忙的意义了。

人生就像登山，不是为了登山而登山，而着重在于攀登中的观赏、感受与互动。如果忽略了沿途风光，也就体会不到其中的乐趣。人们最美的理想、最大的希望便是过上幸福生活。而幸福生活是一个过程，不是忙碌一生后才能到达的一个顶点。

有个好莱坞的歌王，曾经说了一些很感慨的话。他说："当我年轻的时候，急急爬向山顶，就像参加赛跑的马，戴着眼罩拼命往前跑，除了终点的白线之外，什么都看不见。我的祖母看见我这样忙，很担心地说：'孩子，别走得太快，否则，你会错过路上的好风景！'"

"我根本不听她的话，心想：一个人，既然知道要怎么走，为什么还要停下来浪费时间呢？"

"我继续往前跑，一年年过去了，我有了地位，有了名誉和财富，也有了一个我深爱的家庭。可是，我并不像别人那样快乐，我不明白我做错了什么？"

这位歌王继续说："有一次，一个歌舞团在城外表演，我是主角，当表演结束，观众的掌声久久不停。这一次的表演很成功，我们都很高兴。可是这时候有人递给我一份电报，是我的妻子发来的，因为我们的第四个孩子出生了。"

"突然，我觉得很难过，每一个孩子的出生，我都不在家，我的妻子，独自承担养育孩子的辛苦。我从来没看过孩子们走第一步的样子，他们天真的哭、笑，我都没听过，只能从母亲那里得到间接的描述。这时候我才终于明白，我到底错过了什么。"

古人云："一张一弛，文武之道也。"人生也应该有张有弛，也应该忙中有闲。人生就像条弦，太松了，弹不出优美的乐曲；太紧了，容易断，只有松紧合适，才能奏出舒缓优雅的乐章。

俗话说"磨刀不误砍柴工"，悠闲与工作并不矛盾。处理好二者的关系，最重要的是能拿得起，放得下。工作时就全身心投入，高效运转；放松时就放松，把工作完全放在一边，不要总是牵肠挂肚，去钓鱼、去登山、去观海、去品茶、听音乐、读书、下棋……想干啥就干啥。

其次，工作休闲应该搭配得当，不能忙时累个半死，闲时又无聊得发慌。可以隔三差五地安排一个小节目，比如雨中散步、周末郊游等。适时的忙里偷闲，可以让人从烦躁、疲惫中及时摆脱出来，为更好地工作而积蓄精力，也为了在休闲中体味生活的真谛。

比如品茶，在悠悠茶香中品味人生的真谛。中国人喜欢喝茶，茶是中国人的第一饮料。茶如人生，闻之香味扑鼻，入口虽稍苦，但仔细品味，却又有一股香甜之气从舌至喉，久久萦绕。

巴利说："人生像一杯茶，若一饮而尽，会提早见到杯底。"所以喝茶重在品，如能品出茶的种类便高出一般，如能品出茶的出处更是不凡，最是不凡者能从茶的轻淡厚重中品出茶出自何人之手，是年轻的小姑娘，还是年过半百的长者。饮茶重在那份情趣，泡一壶淡茶，静坐看山，或独步寻芳，慢慢揭开悠长的寂静。喝着茶，对着山，对着树，对着雾，春去也，秋去也，冬去也，连太阳的金色也褪尽了，品着苦涩后的香醇，蓦然抬头，似乎从中体味出了人生的真正内涵。

其实现代人休闲的方式让人眼花缭乱、数不胜数：品茶、听音乐、跳舞、泡吧、逛街、看电影、旅游、探险、聚会……每一种休闲方式都有它的优点，只要你喜欢，你都可以从中既享受到休闲的快乐，又体味到生活的乐趣。

6 拥书而眠，享受阅读的快乐

读书是一种生活方式，它给人带来的愉悦和感受，不是其他休闲方式所能替代的。

读书人之乐，来自作家之笔墨，作品之底蕴，心灵之契合。爱读书的人，总是迷恋书中那份情感与智慧的淡淡清香，一本好书，总能给人以“品不够”的感觉。书是最好的美容品，读书的女人最漂亮。那种从内心流露出来的特有气质，让人觉得那是一种特别的美丽。再漂亮的女人，如果没有充分得到精神滋润，获得生命养分，那种外在的美，就会随着时间而消失在岁月长河里。书是最美的装饰，读书的男人最潇洒。那种发自内心深处的独特表现，让人感到是一种真正的完美。正所谓“腹有诗书气自华”。爱读书的人，捧着书，就像点燃了心灯，照亮了心路。智慧、灵气、锐气，就在这一次次的阅读中自然获得了，胜过那许多空洞的追求。

闲时读书，适合与阳光、小雨、清茶做伴。在暖日洋洋的午后，在小雨淅沥的清晨，在你舒适的书房或者阳台，泡一杯清茶，随意而坐，捧起一本书，你的休闲时光就这样惬意地开始了。或者是一本小说，或者是你喜欢的作家的随笔集，或者是一本配有作者心灵抒怀的赏心悦目的画册，捧起来，你的思绪不再乱，你的心情不再浮躁，你的心暂时远离了那尘世的喧嚣，进入了超凡脱俗的纯净空间。

又或是在安静的午夜，拥被倚枕，捧一本好书随便翻到哪一页，悠然地读，读到困意来袭，然后在自觉或不自觉中，拥书而眠，梦中也还有书香弥漫……

读书是一种精神享受。在书中所获得的智慧、力量、快乐、感悟……是一生也挖掘不竭的宝藏，享用不尽的宝库。书中自有黄金屋，字字句句无价宝。打开书，就像走进五彩缤纷的思想丛林，绿草如茵，花团锦簇，彩蝶飞舞，小鸟欢唱，一派生机盎然的美景，令人心旷神怡，美不胜收。在浩瀚的书海里遨游，你一定会找到属于自己的一片绿洲和一处风景。这种精神上的满足，是人永远向上的不竭动力，是人不断进步的坚固阶梯。

莎士比亚曾说："生活里没有书籍，就好像生命中没有阳光；智慧里没有书籍，就好像鸟儿没有翅膀。"孟德斯鸠说："爱好读书，就能把无聊的时刻变成喜悦的时刻。"笛卡尔曾经说过："读好书就像是和过去最优秀的人交谈一样。"读好书，交高人，乃人生两大趣事。

而读书却将二者完美地结合在一起了。

以高人为伍，与智者同行，这就是从读书中获得的至纯至美的生活境界。

一个人通过读书才能领略到心灵的快乐，形成五彩缤纷的内心世界，拥有多姿多彩的生活画面。用最好的心情阅读最美的文字，这是读书之快乐，精神之享受。读书是生活之必需，几天不读书，便寝食不安，自惭形秽。

工作中当我们遇到不顺心的事时，不妨找本自己喜欢的书，专心去读，去和书中的主人公对话，向他们诉说你的苦楚与无奈；生活中当我们寂寞难耐时，不妨伴着雨声打开一本书。美丽的人生从读书开始，美好生活不可缺少读书。读书终身受用，好书相伴，人生将无怨无悔，生活才有滋有味。

7. 静听悠扬，体会音乐的优雅和宁静

买一张能够让你放松的唱片，海涛声或山泉声，用这样的音乐当背景，在家里就餐；或买一张偶像歌手的专辑，跟随着大声唱出那首你最钟爱的歌。

这应当也是一种最放松最休闲的生活方式了。

音乐是醉人的陈年老酒。不知道是人类缔造了音乐，还是音乐缔造了人类。到现在，音乐驾驭着人类的心灵，在轻歌曼舞的飞天中，飘向浩渺无垠的宇宙。音乐已渗透到了我们的血液里，供给着我们的生命。

那些乐器、那些承载着音乐的精灵，那些优雅清幽的天使，那些带给我们各式各样美妙感受的乐器呀，是怎样轻柔、婉转又悠扬抚慰着我们的心！

比如琵琶。那是一曲《春江花月夜》。在纤尘不染的夜空中，一轮孤独的圆月向大地泼洒着清辉，一个怅然落魄的诗人，踩着潮涨潮落的沙滩，思念着自己的情人。随着乐曲的倾泻，美丽凄迷的月开始从东山缓缓地升起，放眼望去，水天一色，失去了原本的界限。柔美而低沉的箫声起了，悠扬的渔歌从远处如丝如缕的飞来，水鸟归巢了。这时的琵琶催动了晚江的渔舟，群舟竞发，浪花飞溅。一咏三叹，层层递升，波浪随着音乐盘旋打转，橹声渐近渐远，思绪飘起来。渔舟终于散了，江天又回到原始的宁静中。

这是怎样的天籁啊！音乐抚慰着心灵，向着幽深静阒的共鸣中沉落。

再比如说二胡。下雨的夜，聆听阿炳的《二泉映月》，眼前总是浮现这样一幅情景：幽怨的斜雨淅淅沥沥地落着，巷子地面上的青石已磨砺得支离破碎，凄凉哀怨的二胡声从巷底传来，只见一个瘦弱的老媪用一根竹竿牵着一个瞎子从雨中走来。阿炳拉着二胡，在无尽的细雨中发出悲凄欲绝的袅袅之音。

琵琶是中庸的，喜亦可，悲亦可。想一想《阳春白雪》，再想一想《十面埋伏》，似乎琵琶是无所不能的，它可以和任意的乐器相配。

而古琴就不一样了，同样想一想《广陵散》，再想一想《高山流水》，只觉古琴是极孤寂的、清高的、出世的。想要领略古琴，非得沐浴焚香并斋戒不可。

竹笛，很招人喜欢的乐器。我们总能从诗词中找到它的影子，“杏花疏影里，吹笛到天明”；“芦花深处泊孤舟，笛在月明楼”；“残星几点雁横塞，长笛一卢人倚楼”……为什么笛子备受诗人们的青睐？笛有无限开阔的意境，它时而欢快，时而怅惘，时而思念，时而悲慨。这就是笛，诗意盎然的载体。

箫是不同的，更像一个苦行僧，只是一味地低沉、凄苦，远离尘世。

还有唢呐、埙、扬琴、古筝、笙、管……每一件乐器都有自己的灵魂，有自己的倾诉方式，它们的灵魂同我们的灵魂交融，轻轻抚过我们在忙乱中日渐粗糙的心，像天使的翅膀带起来的丝丝微风，音乐恒久地抚慰着灵魂……

音乐不会逝去，因为我们还有生动的心灵。心灵太深广了，就像广袤无垠的沙漠，而音乐则是注入沙漠里的清流，汇聚成绿洲，使得绿色的希望可以繁衍生长。

心灵不是一潭死水，需要时时地涌动，或点点的浪花，或急流的漩涡，或圈圈的涟漪，都将给心灵带来勃勃的生机。

音乐抚慰心灵，我们将在音乐的抚慰中获得力量和激情，获得宁静和优雅。

8. 追求情调，把每一天都过得多姿多彩

在物质越来越丰富的今天，只有金钱并不能使你获得普遍的认可和尊重，有格调和品位的人才会受到尊重和欣赏。物质越来越发达的社会，人们反而越来越需要提高文化品位和生活格调。品味和格调其实代表的是你的生活。你喜欢什么样的服饰和色彩，阅读什么书刊，说话的方式和腔调，家里的装饰格局，喜欢什么运动和娱乐，甚至你爱吃什么，喜欢什么餐具等，都能表明你的情趣、教育背景、生活方式和财务状况等。

当前，对生活的情调的追求，正在成为越来越多的人的最大兴趣。所谓情调，权威的解释是人们情感体验的一种方式，指人情感活动表现出来的基本倾向。它是作为一种情绪色彩和心理过程的一种特殊性质的色调而表现出来的情感。也指某种思想感情的格调或特定场合的情绪体验。但现代人将这个词的意义拉得更加宽广，几乎泛指一切能使人感觉到美好、高雅和艺术的气氛的东西。

所以，情调并不是来自财富或出身豪门，也不是拥有如何显赫的地位。情调和品位最主要是来自内心的高贵品质。当然，人们可以借助一些富有品位的服饰物品表达内心和精神的追求。真正划分社会阶层的不是金钱，也不是权势和血统，而是品位和格调。品位和格调是可以学习和培养的，重要的是，品位和格调的提升，并不需要拥有很多的金钱。

一个人很有钱，但他却非常地不快乐。他想："既然我有钱，相信一定可以找寻得到快乐，只要我愿意花钱。"

于是他玩遍、吃遍、享受了所有认为可以令他快乐的事物，可是他还是很不快乐。当他看到周围的朋友高兴地笑时，他问："你快乐吗？"

笑着的朋友回答："快乐啊！我现在很快乐！"

他又问："那么明天呢？后天呢？你还是一样快乐吗？"

朋友回答："明天……后天……我不知道是否能一样快乐。"

他询问了很多爱笑的人，得到的答案都是一样。有一天，有人跟他说：只要穿上了世界上最快乐的人的衣服，你便可以成为世界上最快乐的人。于是，他开始找寻"世界上最快乐的人"的踪迹。十年后，有人跟他说世界上最快乐的人居住在一个镇上，他立刻赶到那个镇上去造访。

到了镇上他问镇里的人："请问世界上最快乐的人住在这里吗？"

镇里的人指着山上回答："对啊！不过他住在山上的洞里。"

他爬上山，走入洞内看到一个人，他问："先生，请问世界上最快乐的人是不是住在这里？"那个人回答："对啊！"他又问："那请问他在吗？"那个人回答："在啊！我就是！"他兴奋又颤抖地说："先生！我有个请求，不知道您能不能答应？我听人家说，穿上了您的衣服后，就可以成为世界上最快乐的人，我可以借您的衣服穿吗？"

那个人大笑三声说："你没看见吗？我是从来不穿衣服的！"

是啊！有时候衣服只是内在世界的束缚，脱掉了这内心的绳索，你便能顿悟快乐的人生。

生活的幸福和快乐，很多时候并不与金钱和地位成正比，情调更是。比如前些年流行的"小资"，正是追求生活情调的代表。"小资情调"一度还成为有品位的生活的代表。小资们并不是有钱的富人，或是有地位的名人，但他们肯定是追求情调的"潮人"，小资们不追求大富大贵，而追求一种有品位、有情趣、有格调、有生气的方式，把自己的日子过得活色生香，精彩至极。

有小资情怀的人是最有浪漫艺术情怀的。他们喜欢珍藏经典的DVD，喜欢看美国片，而且只看英文原声的，绝不看中文配音的。资深的小资则只愿意谈谈黑泽明，说说《红》《蓝》《黑》三部曲，讨论一下法国意大利的艺术片，而不屑谈好莱坞。对畅销书和大众艺术他们是不屑一顾的，他们只谈村上春树，怀旧的会翻出梅里美和玛雅文化。小资女人阅读的广度和深度是足够的，蓝调，ARTY，浮士绘，美文，哲学，双声……她们有足够的内涵和深度与男人抗衡。他们未必懂歌剧，但他们总爱说起《公主彻夜无眠》，他们总是站在主流与大众的边缘和角落里。他们的生活总是那么悠闲、高雅、出众而有个性。而这些，正是每一个穿梭在钢筋混凝土森林中的现代人最需要的心灵慰藉。所以，追求有情调的生活，让每一天的日子都过得多姿多彩、生动浪漫、有滋有味、活色生香，又有什么不好？

其实，生活原本有许多快乐：你看到鲜花，会咧嘴微笑；看到流水，会心旷神怡；看到青草，会感到自己回归到了大自然，关键是你要拥有一颗追求情调的心。人生在世，就要有多姿多彩的生活，就要让日子有滋有味、活色生香，人生才更有意思，更能享受到生生命的意义、生活的快乐。

第二章

会做人：八面玲珑，人见人爱

做事是做人的结果，做人是做事的基础。一个好员工光会工作远远不够，还要会做人才能真正把工作做到最好。一个敬上礼下，谦左让右，心胸宽阔，善良正直，八面玲珑的人，必然和每一个人都能和睦相处，友好合作，必然左右逢源，人见人爱，工作当然会处处如意，顺风顺水。

1. 任何时候都堂堂正正

会做人，不是技巧，更不是手段，而是品德，是正直、善良、宽容、负责的品德，这才是做人的基础。没有这样的基础，任何做人的权谋、技巧、手段，都不可能使你真正成为一个受欢迎、能成功的人。所以，修炼自己的人品，让自己保持正直、善良、勤奋、认真、负责的品德，才是一个好员工真正的秘诀所在。

闻名世界的实业家马歇尔·菲尔德曾经说过："对于一个初出茅庐的年轻人而言，做人的首要品质是正直、诚实、勤奋和敬业。这些品质比什么都重要，他们是任何时代都不能缺少的。一个人如果没有这些品质，必定一事无成。"特别是正直，更是所有品德中最为重要、最为优秀、也最为难得的品德。因为正直的品德是一切品德的基础。一个人只有具备正直的品德，才能做到诚实、信用，才能公正、公平地对待别人，才能持正守义，嫉恶如仇，不同流合污，不随波逐流，才能敢于与一切不正之风对抗，坚守正义和公理，任何时候都堂堂正正，不偏不私。

什么是堂堂正正？堂堂，是光明、盛大的样子；正正，指整齐、不歪斜的样子。堂堂正正是就是正大光明、不偏不斜、公正刚直，"不为安肆志，不为危激行"，不畏强势，敢作敢为的样子。堂堂正正意味着有勇气坚持自己的信念，更有勇气改正自己的错误；敢于同不正之风对抗，更会义无反顾地坚守真理。这样的人，永远是人们最信任、最尊敬也最拜服的人。

宋代文天祥的《正气歌》里就有两个典故："在齐太史简，在晋董狐笔。"说的就是史上著名的正直史官的两个故事，他们也一直被认为是正直的代名词。

春秋时期，齐国的大臣崔抒与齐庄公为争夺美女发生矛盾。崔抒借机杀了齐庄公，立了齐景公，自己做了国相。对此，齐国太史秉笔直书，记道："崔抒弑其君。"崔抒不愿意在历史上留下弑君的恶名，下令把这个太史杀了。这位太史的弟弟继任，还是这样写，又被杀了；三弟继任，但仍然这样写，也被杀了，最后一个弟弟继任，却依然直书其事，崔抒感到正直的史官是杀不绝的，只好作罢。这时，齐国另一位史官南史氏，听说接连有三位太史因实录国事被杀，唯恐没有人再敢直书其事，便带上写有"崔抒弑其君"的竹简向宫廷走去，中途得知第四位太史照实记录没有被杀，就回去了。这几位不畏强暴，秉笔直书的史官，几千年来被誉为正直刚毅的典范。

董狐，是春秋时期晋国晋灵公在位时的一个史官。晋灵公年纪很轻就继位为国君，不但幼稚，而且骄横。他在高台上用弹弓射击行人，以此取乐；他的厨子因为煮熊掌煮得不合他的口味，他一怒之下竟然把厨子杀了。对晋灵公的胡作非为，国相赵盾屡次谏诤，可是晋灵公不但不听，反而要杀赵盾，赵盾只得逃出都城，到外地避难。这时，赵盾的族人赵穿举兵杀死灵公，然后把赵盾叫回都城，另立晋成公为国君，赵盾继续担任国相，主持国政。对这一件事，晋国史官董狐认为，杀死灵公的真正责任者应该是赵盾，所以就直言不讳地在史册上记下："赵盾弑其君。"并宣示于朝臣，以示笔伐。赵盾见了，大为吃惊，解释是赵穿所杀，不是他的罪。董狐申明理由说："子为正卿，亡不越境，反不讨贼，非子而谁？"意思是你身居相位，出去既没有走出国境，回来也没有惩办凶手，这弑君的罪名，不是你是谁呢？赵盾无可奈何，长叹曰："呜呼！我之怀矣，自诒伊戚，其我之谓矣。"《左传·宣公二年》载有这段故事。于是，孔子对董狐称赞道："董狐，古之良史也，书法不隐。"后来人们称赞正直的史官，就叫做"董狐"；把直书其事的文笔，赞为"董狐之笔"。

这就是堂堂正正，不惧权势，不畏生死，持正守义，坚守公理。这也是人们永远敬仰高尚品质，也是一个优秀的人首先必须具备的优秀品德。

在职场，这样的品德同样重要。不论是与上司、与下属、与同事还是与客户交往，这种品德都至关重要。只有一个襟怀坦白，诚实正直，严于律己，宽以待人的，才能得到别人真心的尊重；也只有一个不趋炎附势、阿谀奉承，也不盛气凌人、欺上瞒下的人，才能真正受到所有人的欢迎，让所有的人都乐于与他合作，甘心听他调遣，从而让他不管做任何事情都顺风顺水。

但是，要做到任何时候都堂堂正正，并不容易。史官们为此付出的代价是生命。因而很多职场人就宁愿学习一些所谓的“做人技巧”，以使自己的职场之路走得更顺畅一些。他们认为圆滑比正直更有前途，机会更多，因为在一个诱惑无穷的时代和环境中，要做到任何时候都堂堂正正真的不容易，而且越是坚守这种正直刚正的人越有可能被误解、被孤立、被边缘化，最终让其无所适从，甚至找不到自己的位置，怀疑自己的行为，以至于不得不同流合污，随波逐流，最终被一些所谓的“职场规则”所同化，让自己远离了正直这一最重要的品德，只会一些做人的机巧，反倒让自己更累。

老狐狸教了小狐狸遇到弱者就咬，遇到强者就讨好献媚后，又教小狐狸练长跑。小狐狸不耐烦地说：“爸爸，你不是说有了欺弱服强的这两种本领后就能吃一辈子了，为什么还要练长跑？”

“孩子”，老狐狸说，这两种本领虽然是我们的传家宝，但如果要是遇上不吃拍马屁这一套的强者怎么办？只有用跑来逃命呀。

“哟”，小狐狸说：“做个正直的狐狸不就用不着去学这些危险、丢脸的本领了吗？”

“说是这样说，”老狐狸说：“可我们狸族的祖宗八代不知试了多少次，要做到正直、诚实比学会这三种本领难上几万倍。”

正因为狐狸抛弃了正直和诚实，不仅没有使它成为动物界的强者，反而落下了“狡猾”和“不可信”的恶名。

正直是一切美德的基础。没有正直做前提，一切的美德都难以建立。其实，只要坚守正直的原则，同时找到好的方法，做到正直并不难，而且最终的胜利者永远是那些正直坦荡的人，因为日久见人心。许多事情也许刚开始时会被人们不理解甚至怀疑或抵触，但只要这样做是对的，日子久了，在大家的心目中，就会对你另眼相看，你就会在人们心中占有了一席之地，这时候，就是大家接纳并欢迎你的时候。

孟子云："富贵不能淫，贫贱不能移，威武不能屈，此之谓大丈夫。"这就是一种堂堂正正的精神。一个堂堂正正的人，任何事情都会秉公处理绝不徇私舞弊，不管别有用心的人怎样厚颜无耻挑拨离间或者如何无情无义恶语中伤，都不会让他改变坚守的正义有丝毫退却；无论是在荣华富贵面前还是在威逼利诱的时候，都会坚贞不屈，不为所动；堂堂正正的人永远都学不会假公济私的圆滑，也绝不会害怕别人的诋毁。堂堂正正的品格会深深地影响身边的同事、朋友和爱人，使他们更加信任你、尊敬你。正如《论语》所说："其身正，不令而行；其身不正，虽令不从。"

堂堂正正做人，是一切道德之首。一个优秀的员工，一个会做人的员工，必然会把这样的品德作为自己的事业之基。因为一个好员工，做好工作不仅要靠能力，更要靠人格魅力。而堂堂正正正是人格魅力最大的源头活水！

2. 不仅说到，而且做到

诚实守信是我们中华民族的优良传统，也是人们做人做事、为人处世最基本的标准。"夫诚者，君子之所守也，而政事之本也。"诚信是做一切事情的根本。"人而无信，不知其可也"，一个不讲诚信，没有诚信的人，他是不可能办成什么事情的。言不在多、言出必行，说到做到，正是我们源远流长的做人信条。“诚信者，天下之结也”，“民无信不立”、“与朋友交，言而有信”，“言必行，行必果”，“说到就要做到”，都是强调人们必须把守信用作为人生的重要信条。

东汉时，汝南郡的张劭和山阳郡的范式同在京城洛阳读书，学业结束，他们分别的时候，张劭站在路口，望着天空的大雁说：“今日一别，不知何年才能见面……”说着，流下泪来。范式拉着张劭的手，劝解道：“兄弟，不要伤悲。两年后的秋天，我一定去你家拜望老人，同你聚会。”

两年后的秋天，落叶萧萧，篱菊怒放。张劭突然听见天空一声雁叫，牵动了情思，不由自言自语地说：“他快来了。”说完赶紧回到屋里，对母亲说：“妈妈，刚才我听见天空雁叫，范式快来了，我们准备准备吧！”“傻孩子，山阳郡离这里一千多里路，范式怎会来呢？”他妈妈不相信，摇头叹息：“一千多里路啊！”张劭说：“范式为人正直、诚恳、极守信用，不会不来。”老妈妈只好说：“好好，他会来，我去备点酒。”其实，老人并不相信，只是怕儿子伤心，宽慰宽慰儿子而已。

约定的日期到了，范式果然风尘仆仆地赶来了。旧友重逢，亲热异常。老妈妈激动地站在一旁直抹眼泪，感叹地说：“天下真有这么讲信用的朋友！”

范式重信守诺的故事一直为后人传为佳话。其实“言出必行”、“说到就要做到”正是我们的优良传统，也是我们最为看重的一个人的基本品德。言而有信的故事很多。商鞅“城门立信”和季布“一诺千金”的故事更是把“说到就要做到”的为人处世的箴言演绎得淋漓尽致。

战国时，秦孝公起用商鞅变法图强。商鞅想：怎么才能让人们相信我变法是真的呢？他在都城南门竖起一根三丈高的木头，说，谁能把它扛到北门去，赏黄金十两。没有人相信这是真的，自然也就没有人去扛。商鞅把赏金一直加到五十两，终于有一天，一个壮汉把木头扛到了北门，商鞅当场赏了他五十两黄金。老百姓纷纷议论：商鞅言而有信，他的命令一定要执行。因而，商鞅发布的所有命令，老百姓都积极执行，最终使变法成功，使秦国迅速富强起来。

“一诺千金”的故事更是家喻户晓，说的是义士季布的故事。季布是秦末楚国人，性情耿直，为人侠义好助。只要是他答应过的事情，无论有多大困难，都设法办到，口口相传，大家都知道他是一个说话最算话的人，楚地到处流传着“得黄金千两，不如得季布一诺”这样的话，季布几乎等同于“诚信”了。

在今天守信更成为一个事业成功的重要因素。松下电器创始人松下幸之助说过：“信用技术无形的力量，又是无形的财富。”法国的皮尔·卡丹因为有良好的品牌信誉做保障，皮尔·卡丹的名字通过授权就能每年获得数亿美元的收入，有力地证明了松下幸之助这句话的正确性。然而，今天的社会，人心浮躁，诱惑众多，而且计划总是赶不上变化，说过的话也很难都能做到，因而也不把嘴上说的太当一回事。很多职场人习惯于随便答应他人，轻易做出承诺，但是最后总是不能兑现，也觉得没关系，反正在这个忙碌的时代，做不到也很正常，甚至有时都懒得跟人去解释或是请求原谅。这样的为人态度，肯定不利于我们的工作的。

人生最重要的资本是信用。信用是彼此之间的约定，尽管它无体无形，却比任何法律条文更具震撼力和约束力。一个没有信用的人，要想跻身成功者的行列，几乎是不可能的。所以，无论在什么场合，无论做什么事，在说话之前我们要首先考虑说出的话能不能做到这样一个问题。其次要考虑既然把话说了要认真去履行自己承诺的问题。如果这两方面都做好了，那么才真正做到了言而有信。

为人处世，信守诺言是非常重要的。那些受欢迎的人，常具有各种不同的特点，其中最显著的特点便是具有遵守诺言的美德。一个真正聪明的人，不轻易答应别人，不轻易承诺别人，这是一种智慧。但是，承诺别人的事，就算再苦再难也要做到，信守自己的承诺，一诺千金，说到哪里就要做到哪里，绝不有半点马虎和差池，这就是一种高尚的品德，应当是每一个优秀的员工都需要谨记的。

3. 宽容大度，容人让人

宽容不但是做人的美德，也是一种明智的处世原则，是人与人交往的润滑剂。常有一些所谓厄运，只是因为对他人一时的狭隘和刻薄，而在自己的前进路上自设的一块绊脚石罢了；而一些所谓的幸运，也是因为无意中对他人一时的恩惠和帮助，而拓宽了自己的道路。

18世纪，法国科学家普鲁斯特和贝索勒是一对论敌。他们围绕一个问题争论了有九年之久，他们都坚持自己的观点，互不相让。最后的结果是普鲁斯特获得了胜利，成了这一科学定律的发明者。

但是，普鲁斯特并未因此而得意忘形，忘乎所以。他真诚地对与他激烈争论了九年之久的对手贝索勒说："要不是你一次次的责难，我是很难进一步将定律研究下去的。"同时，普鲁斯特特别向众人宣告，这一定律的发现有一半功劳是属于贝索勒的，是他促使了定律昭示天下的。

在普鲁斯特看来，贝索勒的责难和激烈的批评，对他的研究是一种难得的激励，是贝索勒在帮助他完善自己。这与自然界中"只是因为有狼，鹿才奔跑得更快"的道理是一样的。

普鲁斯特的宽容博大是明智的，他允许别人的反对，不计较他人的态度，充分看到他人的长处，善于从他人身上吸取营养，肯定和承认他人对自己的帮助。正是由于他善于包容和吸纳他人的意见，才使自己走向成功。

宽容犹如冬日正午的阳光，能融化别人心田的冰雪变成潺潺细流，一个不懂得宽容的人，会显得愚蠢，会为把生命的弦绷得太紧、背负的包袱太重而让自己苦不堪言。

有一个老师，看到班上总是有打架骂人的事情发生，为此他就想了一个办法。一天，他叫班上每个同学各带个大袋子到学校，他还在班上的角落里放置了很多石头，然后对学生们说："现在我们来做一个试验，你们每个人都有一个生大袋子，咱们班还有现成的石头，不过都很小。我们大家从现在开始，给自己不愿意原谅的人选一块石头，然后把石头丢到袋子里，这是我们这一周的作业。而且你们每天都要带着这个袋子来上学，下一周我们来看看会发生什么事情。"

学生们第一天觉得还蛮好玩的，感觉谁惹自己不开心了，就在袋子里放上一个石头，放学时，袋子里已经有了几块石头了，接下来的几日里，也是每天都有几块石头在持续地放入袋子里，渐渐地袋子胀了起来，虽然石很小但聚少成多，加起来的重量也是很压人的，于是，在上学的路上，经常可以看见一些学生奋力的背着个大袋子在走路。同学们对于这项试验越来越感到苦不堪言。

终于一周结束了，放学时，老师说："你们知道自己不肯原谅别人的结果了吗？会有重量压在肩膀上，你不肯原谅的人越多，这个担子就越重，对这个重担要怎么办呢？"

老师停了几分钟，然后说道："很简单，放下来就行了。"

这种放下，其实就是宽容别人的小错误。这种宽容，不仅仅是原谅别人，更是轻松自己。会做人的员工，绝不会是那种斤斤计较、处处急争的人，而是那些容人让人、宽厚待人的人。他们总是能从别人的角度考虑，将心比心，容忍别人的过错，宽容别人的冒犯，总是为别人着想，但最终收获的，却是自己的成功。

小杜毕业后初入社会，在某外资公司外贸部就职，不幸碰上一个爱拍马屁、什么本事都没有的主管。此人每天下班后没有什么事儿也要跟着日本课长拼命"加班"，无事生非，把白天理好的文章弄得一团糟，出了错，又把责任全部推给小杜。小杜不是一个会“争”的女孩子，只好忍气吞声等她的上司的上司能长出“火眼金睛”，看到事情的真相。结果等了三个月，还是等不来一句公道话。一气之下，小杜就去了另一家外资公司。在那里，她出色的工作博得了许多同事的称赞，但无论如何也没法使苛刻、暴躁的马经理满意。心灰意冷间，她又萌动了跳槽之念，于是向新加坡总裁递交了辞呈。总裁没有竭力挽留小杜，只是告诉她自己处世多年得出的一条经验：不管到什么样的公司，绝不可能人人都喜欢你。如果你讨厌一个人，那么你就要试着去爱他。总裁说，他就曾鸡蛋里挑骨头一般在一位上司身上找优点，结果，他发现了老板两大优点，而老板也逐渐喜欢上了他。

小杜听了，心中一亮，是啊，不管到哪里，都会碰上各种各样的人，我们怎么强求每一个人都和我们性味相投每一个人都成为我们的知己呢？对于各种各样的人，我们都应当有一个宽容的心态，应该放开心胸去包容一切、爱一切。于是小杜尝试着用另一种态度和眼光来对待她的上司，不管上司怎么挑剔，她都以一种诚恳的、宽容的态度，虚心接受。不到一个月，苛刻的马经理居然开始大会小会地表扬小杜了，而她的工作也越来越顺手，半年后，马经理调岗，他真诚地推荐小杜，小杜顺利晋升为经理。

俗话说得好，“退一步，海阔天空；让三分，风平浪静”，宽容一些，忍让一些，又有什么不可以的呢？《菜根谭》中讲：“路径窄处留一步，与人行；滋味浓的减三分，让人嗜。此是涉世一极乐法。”容人让人，正是会为人的高深学问。佛界有一副名联：“大肚能容，容天下难容之事；开怀一笑，笑世间可笑之人”。古人还常说：“将军额上能跑马，宰相肚里可撑船。”豁达大度，宽以待人的人，最终都会有自己的成功。林则徐有一句名言：“海纳百川，有容乃大。”与人相处，有一分退让，就受一分益；吃一分亏，就积一分福。相反，存一分骄，就多一分屈辱，占一分便宜，就招一次灾祸。天玄子说：“利人就是利己，亏人就是亏己，让人就是让己，害人就是害己。所以说：君子以让人为上策。”容人让人，不仅是会为人处世的表现，也是一个优秀员工的美德。

有些员工觉得我们生活在一个越来越功利的环境里，凡事必争，切不可让，因为忍让只会让自己吃亏，让别人得利，最终只会让自己一事无成，反倒落个懦弱无能的恶名，实在不值当。这样的想法，其实并不周全。越是竞争的社会，越需要宽容的美德，才能赢得更多的信任。倘若太吝惜自己的私利而不肯为别人让一步路，这样的人最终也会无路可走。所以，能容人、愿让人，正是一个优秀的人之所以优秀的根本，也是他们取得成功的秘诀。

4. 勇于负责，敢于担当

一个受人欢迎的人一定是一个勇于负责、敢于担当的人。只有这样的人，才能让人放心，让人觉得可以信任，值得托付。不管什么样的事情，交给这样的人都可放心。这样的人是领导，让人甘心追随；是同事，让人乐于合作；是下属，让人信任器重；是客户，让人绝对放心。这样的人，当然是职场最受欢迎的人。

人的一生必须担当着各种各样的责任，社会的、家庭的、工作的、朋友的等等。担当责任是一个人分内应该做的事情，是做好应该做好的工作，承担应该承担的任务，完成应该完成的使命。一个人活在社会上，最关键的一点就在于有没有责任感，是否认真担当了自己的责任。上班族不要以为每天到点来，到点走，日复一日年复一年，只要不出差错就行了。我们对于自己应担当的责任要勇于担当，担当责任可以使人坚强，担当责任可以无限发挥自己的潜能，担当责任可以改变对待工作的态度。我们要清醒、明确地认识到自己应担当的职责，发挥自己的能力，才能真正得到大家的认同和信任。

东莞市鑫宇五金制品有限公司总经理任大忠，就是以自己的敢于负责赢得了大家的认同，并取得了自己的成功。

任大忠13岁出来打工，初中未毕业，做过木工、维修工。现今他资产过亿元，管理着700多人的工厂，是当地的纳税大户，可谓成功人士了。

他的成功是如何取得的？简单来说，就是他的“敢于负责”。

1993年，任大忠来到东莞李洲电子厂打工。他非常珍惜这份工作。在工作中，他总是任劳任怨地包揽了很多事情，往往一个人完成几个人的工作量。进入李洲公司三个月后，公司总经理就将他的工资加了一倍。

由于工作勤奋，认真负责，老板便更加信任任大忠，逐步将他升为主管，将一些重要的工作任务交给他来处理。

1997年，任大忠来到东莞顺富五金厂任职机修师。在这里，他依然秉承着敢于负责的精神。有的同事技术上有不足，他常在半夜两三点钟还待在车间里指导他们。对于老板布置的工作任务，任大忠从来是不说二话，而是想方设法去完成。正是有了这份责任心和敢于负责的精神，再加上他的勤奋与诚恳，任大忠再次得到了老板的赏识和信任，老板非常器重他，由他负责新兴的一个项目，还与他合股，利益五五分成。

就这样，任大忠从一个普通的员工变成了老板的合伙人，并做到了年薪两百万元。几年之后，任大忠创办了自己的“东莞市鑫宇五金制品有限公司”，他终于成功了！

一个文化水平不高、没有资金、没有背景的打工青年，怎么成功？秘诀就是敢于负责，善于做人。“不管什么事情交给他，我都放心！”这是老板的评价；“他任劳任怨地包揽了很多事情，往往一个人完成几个人的工作量”；“有的同事技术上有不足，他常在半夜两三点钟还待在车间里指导他们”，这是同事的评价；“不管什么事情，只要我做，我就一定要认真负责地做好！可能是我的这种态度得到了大家的认同吧，大家都挺支持我。”这是他自己的评价。

由此可见，敢于负责不仅是一个人成就辉煌的事业前提，更是得到大家的认可和支持的基础。只有一个负责任的人，才能真正得到大家的信任和支持，你也才可能有最好的人缘，做任何事情都顺风顺水，一路畅通。

敢于负责，才能勇于担当。一个敢于负责的员工，不管上级部署的工作任务是何等的艰巨，不管他自身肩负的工作任务是何等的繁重，他都能义无反顾、积极主动地把它毫无怨言地承担下来。

敢于负责，才能不畏困难。一个敢于负责的员工，不仅能义无反顾、积极主动地承担艰巨的工作任务，还能直面困难，不畏困难，在困难面前不气馁、不退缩，以大无畏的勇气坦然面对困难，并想方设法战胜困难，把艰巨的工作任务完成好。

敢于负责，就会不偷懒、不耍滑，认真踏实地做好自身所肩负的各项工作。即使自身所肩负的工作并不能给自己带来现实的利益，他也会兢兢业业地把它做好、做到位。

敢于负责，就会“以苟活为羞，以避事为耻”，积极主动地去承担组织上部署的工作任务，尽心竭力地去完成组织上所安排的各种任务。哪怕这些任务异常艰巨困难，他也能迎着困难上，不苟活、不避事，而这些正是积极的工作态度所具有的要素与要求。

作为一名员工，如果你有了这种敢于负责的积极的工作态度，你在工作中就会有积极主动的工作行为，从而取得令人满意的工作绩效。

有了敢于负责的精神，就可以充分调动人的积极性、主动性和创造性，就能够充分开发人的潜能，从而将难以克服的困难克服，将难以完成的工作任务完成，并能创造出常人所创造不出来的奇迹。更重要的是，有了敢于负责的精神，就能赢得所有的人的信任，得到大家的支持，使团队的力量更加强大，也使自己的职场之路越走越宽、越走越敞亮。

5. 善于藏锋，低调谦逊

很多工作优秀的员工都有一个“强势”的通病，不管是工作中还是生活中，都习惯于以自我为中心，习惯于指挥别人，当然这是因为他的能力超强，他有这个资本。但是，不论一个人有多强，如果过于强势，不懂得藏锋敛芒，不知道低调处事，谦逊做人，最终的成功还是难以属于他。因为嫉贤妒能，几乎是人的本性，锋芒太露、过于“强势”的人，难免招忌惹妒，引发一些小人的责难，使自己举步维艰，甚至遭人暗算，甚至丢掉性命。这样的事例比比皆是。

隋代薛道衡，13 岁时，能讲《左氏春秋传》。隋高祖时，做内史侍郎。炀帝时任潘州刺史。大业五年，被召还京，上《高祖颂》。隋炀帝看了不高兴，说：“这只是文辞漂亮。”于是只给他拜了个司隶大夫。

隋炀帝其实是忌妒他的文才，因为他自认为自己文才高超，天下第一，傲视天下之士，见有人超过自己，必然是十分地嫉恨不满。朝中一个御史大夫明了炀帝之心，乘机说薛道衡自负才气，不听驯示，有无君之心。于是，隋炀帝便下令把薛道衡杀了。

天下人都认为道衡死得冤枉。但是如果他能懂得藏锋敛芒，不在自负才高的隋炀帝面前卖弄他的文才，不是也不至于命丧黄泉吗？

《庄子》中有一句话叫：“直木先伐，甘井先竭。”一般所用的木材，多选择挺直的树木来砍伐；水井也是涌出甘甜井水者先干涸。对于人才来说，也是如此。所以，才华横溢，更要注意藏锋敛芒，才能既发挥才能，又不受中伤。藏锋敛芒、低调谦逊的人，不论是贤能君子还是气小量窄的小人，都能认可他、支持他、亲近他，因而在任何情况下，他都能左右逢源，处处顺心。这样的人，必然是成功而且快乐的人。

有一次，美国著名科学家、政治家本杰明·富兰克林到一位前辈家拜访。当他准备从小门进入时，因为小门的门框过于低矮，他的头被狠狠地撞了，一下。出来迎接的前辈微笑着对富兰克林说："很疼是吧？可是，这应该是你今天拜访我的最大收获。你要记住：要想平安无事地活在这人世间，你就必须时时记得低头。"

从此，富兰克林把"记得低头"作为毕生为人处世的座右铭，谨言慎行，礼上谦下，低调处事，最终获得了辉煌的成果。

所以，无论你有怎样出众的才智，一定要谨记：切忌自傲张狂，不可一世，要知道内敛，懂得藏锋，才能左右逢源，进退有致。特别是有了一点点成绩，或是取得了一定的成就，更不要骄傲自满，目中无人，张扬自得，这样终归会惹得大家心中愤恨，招来上司的不满，同事的忌妒，客户的怨懑，以致给自己带来麻烦。

初入职场的人，尤其是刚刚毕业的学生，个性比较强烈，认为做什么事情都要做到最好，越显示自己的能力就越能够得到老板和同事的尊重。这种想法其实是不对的。不错，我们有才华就要展示出来，来展示也要看时机，要适时，要恰当，绝不可不合时宜，不分场合地展示，这样只会毁了自己的前程。

有一家企业新招来了一批大学生，总经理为了表示对他们的热情欢迎，开会时拿着花名册一一点名，并逐一致欢迎词。这时总经理已经叫到了"苏华"，可是下面却久久没有人应，总经理又叫，新来的助理拿起名册来看了一眼，笑了，对总经理说："这是苏烨，不是苏华。"

下面的大学生们都有些惊讶地望着总经理，总经理的脸上有些挂不住了，一旁的秘书急忙说："对不起，总经理，这怪我，是我打字打错了，我把这个字打成华了。"总经理笑了，说"下回注意点。"然后，点名认识顺利地继续了。

会开完，自以为才学过人的助理走人了，秘书成了总经理的助理。

中国有很多古语警告我们为人处世不要太锋芒毕露，枪打出头鸟，木秀于林，风必摧之。保护我们自己最好的方法就是，与大多数人保持一致，否则，你就会遭遇危险。

曾国藩对"藏锋"曾有过精辟论述："言多招祸，行多有辱；傲者人之殃，慕者退邪兵；为君藏锋，可以及远；为臣藏锋，可以及大；讷于言，慎于行，乃吉凶安危之关，成败存亡之键也！"张扬者，无以善果，善藏者，方能立于不败之地！

当然，禁忌锋芒毕露，不是说完全不要显示出自己的才华。现代社会是一个竞争的社会，有时候不显示自己的才华也是吃不上饭的，但千万要记住的是，你可以展示才华但不要"炫耀"；你可以表现得很聪明，但是不可自认聪明，把别人当"傻子"；你应当努力进取，但一定记得要低调，要谦逊。

有时候，一个人有锋芒是一件好事，剑无锋芒而不利，人无锋芒而愚钝，在适当的场合显露一下既应当，也必要。但锋芒是可以伤人的，锋芒太露不但会刺伤别人，也会伤及自身。物极必反，从而导致自己的失败。欲成大事的人，要把自己的锋芒包裹起来，韬光养晦。这样既能抓住晋升的机会，也能让自己的事业成功。

有位陈先生在年轻时以兼有三种特长而自负，笔头写得过人，舌头说得过人，拳头打得过人。在学校读书时，已是一员狠将，不怕同学，不怕师长，以为他们都不及他。初入社会，还是这样的骄傲自负，结果得罪了许多人，不过，他觉悟很快，一经好友提醒，便连忙负荆请罪，倒是消除了不少的嫌怨。但是无心之过仍然难免，结果终究还是遭受了挫折，甚至有一年中不得不跳槽三次。

俗话说，久病成良医，他在受足了痛苦的教训后，才知道言行锋芒太露，就是自己为自己前途所安排的荆棘，有人为了避免再犯无心之过，就故意效法金人之三缄其口，即使不能不开口，也要多方审慎，谨言慎行，而且总是谦虚在前，礼貌对人，行事低调，戒骄戒躁，虽说也为同学或朋友惊讶，甚至被认为太过世故，但他终于是在职场立下足来了，而且晋升很快。因为领导觉得他很成熟，值得信任。

可见，藏锋敛芒、低调谦逊是很有必要的。细细看看你周围的同事，若是处世已有历史，已有经验的同事，你会发现他们毫无棱角，言语如此，行动亦然，个个深藏不露，好像他们都是庸才，谁知他们的才能颇有位于你上者；好像个个都很讷言，谁知其中颇有善辩者；好像个个都无大志，谁知颇有雄才大略而愿久居人下者。但是他们却不肯在言语上露锋芒，在行动上露锋芒，他们才是真正成熟的、善于做人的员工，是值得我们好好学习的员工。

低调，就是不招摇。因为你不被人所重视，你不显山露水，那么你做什么事情都会很顺利，经过一段时期的积累，独立、坦然、自律，也就容易走向成功之路。而成功后更要保持低调，只有这样你才能有更大的成功。

古语云：圣者无名，大者无形。就是说做人、做事都要低调，要做到得意而不忘形，才高而不自诩。因此，我们无论要做什么工作，低调都是第一位的。职场就是小社会，每个人都不可避免要同其他人发生千差万别、千丝万缕的关系，只有低调谦虚，才能更好地与人相处，得到更多的信任和支持，才能使自己的事情更顺利。

6. 己所不欲，不施于人

“己所不欲，勿施于人”是孔子儒家学说的名言，是指说自己不愿意做的事、不想要的东西，切勿强加给别人。语出《论语 · 卫灵公》：

子贡问曰:“有一言而可以终身行之者乎?”子曰:“其恕乎!己所不欲,勿施于人。”意即子贡问孔子:“有没有一句话可以让我们终身奉行呢?”孔子说:“那大概就是‘恕’吧! 自己不愿做的事,不要强加给别人。”

孔子所强调的是,人应该宽恕待人,应提倡“恕”道,唯有如此才是仁的表现。

所谓“恕”道,就是老百姓所常说的推己及人、将心比心。详细一点就是用自己的心推及别人;自己希望怎样生活,就想到别人也会希望怎样生活;自己不愿意别人怎样对待自己,就不要那样对待别人;自己希望在社会上能站得住、能通达,就也帮助别人站得住、通达。总之,从自己的内心出发,推及他人,去理解他人,对待他人。这样的人,不仅是会做人的人,更是道德高标、人格高尚的人,也是最受人们尊敬和爱戴的人。

“大禹治水”的故事就是“己所不欲,勿施于人”的典范。大禹接受治水的任务时,刚刚和涂山氏的一个姑娘结婚。当他想到有人被水淹死时,心里就像自己的亲人被淹死一样痛苦、不安,于是他告别了妻子,率领27万治水群众,夜以继日地进行疏导洪水的工作。在治水过程中,大禹三过家门而不入。经过13年的奋战,疏通了九条大河,使洪水流入了大海,消除了水患,完成了流芳千古的伟大业绩。

到了战国时候,有个叫白圭的人,跟孟子谈起这件事,他夸口说:“如果让我来治水,一定能比禹做得更好。只要我把河道疏通,让洪水流到邻近的国家去就行了,那不是省事得多吗?”孟子很不客气地对他说:“你错了! 你把邻国作为聚水的地方,结果将使洪水倒流回来,造成更大的灾害。有仁德的人,是不会这样做的。”这就是成语“以邻为壑”的由来。

从大禹治水和白圭谈治水这两个故事来看,白圭只为自己着想,不为别人着想,这种“己所不欲,要施于人”的错误思想,是难免要害人害己的。大禹治水把洪水引入大海,虽然费工费力,但这样做既消除了本国人民的灾害，又消除了邻国人民的灾害。这种推己及人的精神，正是"将心比心、以己度人"的核心，也是会做人、善做人的前提。做不到这一点，其实是做不好一个人的。

办公室的小李买了件时兴的上衣，回去之后她在镜子面前照了半天，才发觉这件衣服的颜色有些暗淡，有一种陈旧的感觉，一时心中极为不快，不想要了。但这么贵的衣服又不能扔了，小李脑子一转，想到同一办公室的小张，于是就极热情向小张推销这件衣服，小张刚开始还觉得不错，但试穿之后觉得颜色陈旧，不适合自己，就不想要了，但小李铁了心要小张买下自己的这件衣服，采取各种各样的方法，极力向小张推销，弄得小张忍无可忍，最终两人大闹一场，成了死对头。

一般情况下，自己不喜欢的东西，别人也不会喜欢；自己讨厌的东西，别人也有可能讨厌；自己喜欢的东西，别人也许接受不了，所以不能把我们自己的喜恶强加于别人，非要他人和我们一样，这种"强人所难"的言行无疑是最令人反感和不快的。如果你总是这样，那你的为人肯定有问题，你的人缘也会好不到哪里去，你的职场之路也不可能一路通畅。

在现代职场，这种做人的方法说得简单直白点，就是"换位思考"，就是以己度人，自己不愿意的，也绝不让别人去做；将心比心，自己做不了的事，也不必强求别人做到。这样才能体谅别人，才能赢得人脉。

别人骂你，你心中必定不快，所以你就不要随便骂人；你不愿被人欺骗，那你最好不要去欺骗别人；你最讨厌别人在背后对你指手画脚，那你就不要在背后去非议别人、对别人说长道短。这就是"己所不欲，勿施于人"。

人们习惯于从自身的角色出发，站在自己的立场上来理解和看待别人，所以不同程度地存在自我中心式思维。人们习惯于把交往中的矛盾归罪于对方，双方各执一词，互不相让，自然难以达成相互理解，因为人们习惯于"己所不欲，却施于人"。这样的人，只会落得个孤家寡人的结果，没有人愿意与这样的人交往。

俗话说，种瓜得瓜，种豆得豆。你如何对待别人，你种的是善因还是恶因,你强加于人的是自己的喜或恶,最后都会报应在你的身上。富勒说过:“向别人扔污物的人,把自己弄得最脏。”把自己的意愿强加于人,除了引起别人的反感,导致关系紧张外,别无他用。所以,一定要记住“己所不欲,勿施于人”的做人原则,将心比心,以己度人,学会角色互换,站在对方的角度来考虑问题,才能公正地理解别人,也能较客观地对待自己。

当你对别人做出某种行为或表示某种态度时,应当首先考虑到可能给对方心理上造成什么样的影响,如果会给对方造成痛苦,就要考虑如何改变自己的行为。角色互换中可以使你体验到对方在此情景下的感受,这样才能谨守“己所不欲,勿施于人”的古训,防止出现伤害对方感情的举动。

有些人气量狭小、心存报复、或开恶意玩笑捉弄他人,散布谎言中伤他人,其结果是既害他人,也使自己陷入孤立。所以在职场要会做人,就应做到“己所不欲,勿施于人”。应严格要求自己,在工作中应身先士卒、一丝不苟、兢兢业业;在日常交往中以礼待人、遵守诺言,若与他人产生矛盾,要首先检讨自己,多为对方着想。对他人要谦逊有礼,理解他人,体谅他人,做到“有理也让人”。这样你就可以团结更多的人,建立一个良性的人际关系,创造更多的成功机会。

7. 能方能圆,能屈能伸

会做人,不仅是对别人友好和睦,还要对自己宽容大度,不仅对别人做到方圆得当,对自己也不要斤斤计较,而是能屈能伸,善于转弯。

其实方圆之道,一直是中国人最为推崇的处世之道。中国人讲究能圆能方,外圆内方。圆,是为了减少阻力,是处世的无上法门;方,是坚守自己的原则和底线,是为人的基本准则,更是道德之本。所以做人要方圆有道。圆中有方，即不忘原则；方外有圆，即要灵活应变。在人们的日常生活中，唯有如此，方能在为人处世中做到游刃有余。

近代职业教育家、中国民主同盟领袖之一黄炎培有一则非常著名的处世立身的座右铭："取象于钱、外圆内方。"

黄炎培在1946年第三方面调解国共冲突时未尝不委曲求全，"不偏不倚"，从未与蒋介石拉下脸。当蒋以"教育部部长"许愿企图将他诱入伪"国大"泥沼时，黄却不为所动，答以"我不能自毁人格"，维护了政治气节。

方圆是一微妙的、高超的处世艺术。方是做人之本，是堂堂正正做人的脊梁，是对人生的道德上的指引；圆则是我们立世的技巧，是顺应潮流、识得时务的要诀。为人处世要方圆兼顾，有方有圆，更要有方有圆。只圆不方，是一个八面玲珑、滚来滚去的"球"，很难在社会上立稳脚跟。只方不圆，稳则稳矣，却不免刚正有余，必被人除之而后快。只有把"方"和"圆"完美地结合起来，才能左右逢源，进退自如。

有一位小保姆，由于性情实在，干活利索，给女主人的印象极佳。但是，生性猜疑的女主人还是担心这位姑娘手脚不干净，于是在试用期的最后几天想出个办法来试一试她。一天早晨，小保姆起床要去做饭，在房门口捡到十元钱，她想肯定是女主人掉下的，就随手放到了客厅的茶几上。谁知第二天早晨，小保姆又在房门口捡到了一张五十元钱，这让她感到很奇怪。"莫非是在试探我吗?"小保姆产生了这样的疑问。但她又很快打消了这个念头，因为女主人是一位大学教授，是很有身份的人，怎么会做出这样侮辱人的事情呢？这样想着，她就把钱放进了茶几底下，但心里面还是留了个心眼。

到了晚上，小保姆假装睡下，从卧室的窗户窥看客厅中的动静。正当她困意袭来，准备放弃这一念头时，女主人竟真的悄悄到茶几前取钱来了。小保姆彻底惊呆了，怒火冲上了她的心头：怎么可以这样小看人！她咬了咬嘴唇，下定了一个决心。

次日早晨，小保姆又在房门口发现了一张钞票，这次是一百元钱。她笑了笑，把钱装进了自己的口袋。她在女主人出去之前把这一百元钱悄悄地放在了楼梯上，准备也测试女主人一次。果不出小保姆所料，女主人之所以怀疑别人手脚不干净，正是因为她自己是一个自私而贪心的人，她在下楼时看见了那一百元钱，当时就眼睛一亮，然后趁着左右没人把钱塞在了口袋里。这一幕，全都被暗中偷窥的小保姆看到了。

当晚，女主人就像找学生谈话一样，严肃而又婉转地批评她为人还不够诚实，如果能痛改前非，还是可以留用的。小保姆故作懵懂地问："你是不是说我捡了一百元钱？""是呀！难道你不觉得自己有错吗？"小保姆摇了摇头："不，我不认为我做错了什么，因为我已经将那一百元钱还给您了。"女主人一脸诧异："咦，你啥时还我钱了？"小保姆大声回答："今天傍晚，公共楼梯……"女主人一听到"楼梯"两个字，当时像触了电一样浑身一颤，狼狈得一句话也说不出来了……

圆为处世之道，这个圆绝不是圆滑世故，更不是平庸无能，这种圆是圆通，是一种宽厚、融通，是大智若愚，是与人为善，是居高临下、明察秋毫之后，心智的高度健全和成熟。学会方圆之道，人生就达到了至高境界，无论在何时、何地，都不会吃亏。做到该方就方，该圆就圆，方到什么程度，圆到什么程度，都恰到好处，就是最会做人的人了。

懂得方圆之道的人，也有能屈能伸的胸襟。因为屈伸之道，其实也是方圆之要。古人云：大丈夫能屈能伸。能屈，并不意味着卑屈和不顾人格，更不表明失去原则和自尊，而是一种艺术的处事方法和智慧的表现。明代才子冯梦龙在《广笑府・尚气》篇中记载了这样一则故事：

从前，有父子二人，性格都非常刚直，生活中从来不对人低头，也不让人，且不后退半步。一天，家中来了客人，父亲命儿子去集贸市场买肉。儿子拿着钱在屠夫处买了几斤上好的肉，用绳子串着转身回家，来到城门时，迎面碰上一个人，双方都寸步不让，谁也不甘心避开，于是，面对面地挺立在那儿，相持了很长时间。

日已正中，家中还在等肉下锅待客饮酒，做父亲的不由得十分焦急起来，便出门去寻找买肉未归的儿子。刚到城门处，看见儿子还僵立在那儿，半点也没有让人的意思。父亲心下大喜："这真是我的好儿子，性格这么刚直。"又大怒："那是什么人，竟敢如此放肆?"他蹿步上前，大声说道："好儿子，你先将肉送回去，陪客人吃饭，让为父的站在这儿与他对抗！"

话音刚落，父亲与儿子交换了一个位置，儿子回家去烹肉煮酒待客；父亲则站在那个人的对面，如怒目金刚般挺立不动。惹得众多的围观者大笑不止。

人生在世，无一点刚直之气是不行的，尤其是应该心有所主，拥有一些确定的做人的准则。这样，人们可勇气倍增，可与人抗争、黑暗的东西抗衡，凸显出自我的个性和风貌。

但是，刚直并不是赌气，不是去追求无益的个人"胜利"，就像冯梦龙先生笔下所叙述的这对刚直的父子，仅仅为了避让的小事，就对着干，不管其他的事，这就由刚直走向了蛮干，久之会引起别人的厌烦最终会在人生旅途中碰得头破血流。

古人说："知行知止唯贤者，能屈能伸是丈夫。"在为人处世中屈能伸体现出了一种器度 一种素质。所谓："心字头上一把刀，遇孽忍祸自消。""忍得一时之气，免却百日之忧。"只有忍辱，才能负重；只有忍才能屈，只有屈才能伸。要不然，骄傲如韩信，岂能甘受胯下之辱?

当时，韩信虽然衣食无着，但还经常随身佩着一把祖上留传下来的宝剑，摆出一副贵族子弟的架子，维持着自己仅有的自尊。淮阴城里有个屠夫的儿子故意羞辱韩信，他在闹市里拦住韩信说："你虽然身材高大，常带刀佩剑，不过是个胆小鬼。"他当着众人的面对韩信挑衅道，"你不怕死，就抽剑刺我；怕死，就从我的裤裆下钻过去。"说着，便叉开了两腿。

突如其来的羞辱让韩信不知所措，愣在当场，韩信寻思良久后，一言未发，俯身从他的裤裆下钻了过去。有许多人因此而认为韩信外勇内怯，都笑称他为“胯夫”。

韩信俯身胯下，并不是胆怯，而是看清局面的睿智。他熟读兵法，懂得在逆境中养晦韬略，懂得屈是识时务，是为以后的伸打基础，并不以此为辱，反以此为戒，警醒自己，奋发努力，不断进取，才有最终的千古成就。

“古之所谓豪杰之士，必有过人之节，人情有所不能忍者。匹夫见辱，拔剑而起，挺身而斗，此不足为勇也；天下有大勇者，卒然临之而不惊，无故加之而不怒，此其所挟持者甚大，而其志甚远也。”宋代苏轼在《留侯论》中的这段话或许可以为韩信的甘受胯下之辱做个注脚，只是当时的韩信太过卑微，几乎没有人能够体会到这一点。

其实一个具有远大理想的人，在自己未得志时即使被环境所逼而受辱，但能够以屈求伸，忍辱负重，把愤怒藏在心底，化作力量，这才是真正的“明智”之人。韩信是个看重尊严的人，一直以来被命运加诸的苦，他没有多说什么，并非胆小，也并非逃避，韩信是一个有所为而又有所不为的人。

会做人，就要方圆有道，屈伸有致。屈不是屈服，而是智慧；伸不是强出头，而是展示。屈是人生之低谷，伸是人生之巅峰。有低谷，有巅峰，一起一伏，犬牙交错，波浪行进，这才构成完满丰富的人生。因而，为了能达到最终的目的，暂时让步妥协，绝不是不求上进、甘吃闷亏，它是为了我们更好地前进，是为了给赢得成功做资本，让自己不断地走向强大。

一位留美的计算机博士，毕业后在美国找工作，结果好多家公司都不录用他，思前想后，他决定收起所有证明，以一种“最低身份”去求职。不久，他被一家公司录用为程序输入员，这对他说简直是“高射炮打蚊子”，但他仍干得一丝不苟。不久，老板发现他能看出程序中的错误，非一般的程序输入员可比，这时他亮出学士证，老板给他换了个与大学毕业生对口的专业。

过了一段时间，老板发现他时常能提出许多独到的有价值的建议，远比一般的大学生要高明。这时，他又亮出了硕士证，于是老板又提升了他。再过一段时间，老板觉得他还是与别人不一样，就对他“质询”，此时他才拿出博士证，老板对他的水平有了全面认识，毫不犹豫地重用了他。以退为进，由低到高，这是自我表现的一种艺术。

做人要能方能圆，能屈能伸，才能左右逢源，进退自如，就像一个伸缩性极强的弹簧，你屈得越多，越能受屈，后面就会伸得越长，越有力。也就是你在职场中越能承受折磨越能屈；你也就越能承担责任和压力；越能承担责任和压力的人就具备了拥有更大权力的潜力和机会。能方能圆、能屈能伸，正是职场常胜的最大秘诀。

第三章

会说话:恰当得体,左右逢源

会不会说话,不论对于我们做事、做人都相当重要。会说话,把话说得入情入理,入耳入心,说得恰当得体、老到圆滑,说得娓娓动听、贴心贴肺,自然能使你大受欢迎,做人让大家喜爱,做事得大家帮助。把话说得滴水不漏,自然能左右逢源,如鱼得水,事情也一定会办得天衣无缝,成绩斐然。但如果不会说话,言不由衷,辞不达义,言辞失当,冒犯冲撞,可能无意之中已然四面树敌,处处危机,使自己举步维艰,踉跄难行,最终只能一事无成。所以,会说话,不仅是一项基本的职场本领,更是一个优秀员工必备的重要能力。

1. 三寸之舌，强于百万之师

"三寸之舌强于百万之师"，"一言可以兴邦，一言也可以丧国"，"一言使人笑，一言使人跳"，这些流传千年的名言，正说明了说话的力量。

我国古代就非常重视会说话、有口才之人，历来非常重视语言表达能力的传统，并已充分认识到会说话的人在安邦定国、社会交际中的作用。

春秋时代，有一个典故叫"烛之武退秦师"，讲的是秦国要攻打郑国，郑国上下一筹莫展，无计可施，最后决定派烛之武去和秦国谈判。烛之武对秦军统帅晓之以理，动之以情，情真意切，最后说服了秦军统帅，说退了百万秦兵。

不费一兵一卒，只凭三寸之舌，百万秦军退走。真要对打，即便郑国也有百万之师，也不一定能打退兵强马壮的秦军。难怪刘勰会在其名著《文心雕龙》里这样感叹："一人之辩重于九鼎之宝，三寸之舌强于百万之师。"因为会说话、有口才，真的是威力无边。历史上以能言善辩而成就大业、流芳千古的能人异士数不胜数。

战国时期，七雄争霸。乱世出英雄，这一时期也诞生了无数的英雄豪杰。有贤君，有良相，有百战百胜的将军，也有万夫不当的猛士。但只有一人特殊，仅仅凭着无人可及的辩才以及机敏过人的说话技巧，便纵横宇内，拜相六国，成为战国时期最为著名的人物。他就是大名鼎鼎的纵横家苏秦。

苏秦最为人知的是以口才佩六国相印的故事,而事实上,从他初仕燕国起,就留下了很多精彩的辩论故事。

苏秦少年大志,他起初游说秦国,未能见用,返乡后便以锥刺股,刻苦学习太公阴符,学成之后,便动身前往当时最弱的燕国,寻找机会。此时的燕国,刚刚遭受"子之之乱"的打击。

"子之之乱"源于燕昭王之父姬哙一个令人啼笑皆非的行为。当时还是燕王的姬哙,为了使弱小的燕国强大起来,便效仿上古时期尧禅位于舜的例子,将王位禅让给相国子之。他天真地以为,如此做便可使燕国因为德行广大而被天下宾服,从此摆脱颓势,成为天下强国了。谁知这个子之是个心狠手辣的阴谋家,他当君王之后便诛杀旧臣,驱逐原太子,提拔亲信,胡作非为,百姓哀声怨道。太子平早就对子之怀恨在心,便联合大将军市被一道起兵攻伐子之。燕国于是大乱。邻国齐国听说,又决定趁火打劫,以平乱的名义出兵燕国,一路纵火抢掠,结果乱上加乱,燕国包括国都在内的大半领土都被侵占,几乎亡国。最后还是燕国人共同努力将齐军赶回老家,动乱才告结束。这场战乱使燕国损失极其惨重,境内被摧残殆尽,边境还有十座城池被齐军占去,可以说名存实亡。

动乱结束后,燕国人清点人数,发现燕王姬哙、子之、大将军市被及太子平都死于战火,宫廷变成了权力真空。

在这种艰难处境下,原先在韩国做人质的燕王姬哙之子、太子平之弟公子职被拥戴为王,成为后来名声赫赫的燕昭王。

燕昭王怀着国仇家恨,一心想要图强,雪齐国侵略之耻,于是广布求贤令。毛头小子苏秦便在这个历史机遇下来到燕国,谋求工作。

苏秦十分善于揣摩人的心理,他明白以自己一文不名的身份去说服高高在上的君王是十分困难的,他只有先抓住燕王听话的兴趣。苏秦说:"我本是东周城郊一个小民,早就听说燕昭王有圣贤之德,所以离家远行,来到燕国,我敬仰昭王您的贤明,一心想要投奔您。不过我所知道的贤明之君,不愿意听取人们的赞美之辞,而是喜欢听取别人的批评,因为这样的君王,才是胸怀宽广,可以有所作为的。所以,我今天就有一句不太好听的话,不知道大王想不想听。"

昭王听了前半段恭维的话,本来挺高兴,可是苏秦这么话锋一转,把昭王架到了一个很高的位子上下不来了,昭王心想:按苏秦这么说,我要是听不得批评的话,反而不是个明君了。于是就让苏秦接着说下去。

苏秦说:"大王贵为燕国的国君,可有一件重要的事大王不敢去做。"

燕昭王听后心里一颤,这句话似乎隐约切中了他埋藏已久的心事。

苏秦见昭王故作镇定,便不慌不忙地说:"我知道大王有一个仇敌,做梦都想报复他,可这个仇敌现在十分强大,大王怕自己实力不济,因此迟迟不敢行动。"

这个仇敌当然就是齐国,燕国落入如今境地,和齐国的侵略有莫大的关系。昭王即位,第一件事就是想削弱齐国的力量,报仇雪耻。可齐国是和秦国并列的超级大国,燕国一个偏远小国,如何抗衡?如今,苏秦把这件心事说了出来,燕王心中立刻涌起了兴奋之情,可转念一想,眼前这个人千里迢迢而来,身份背景都不明晰,自己怎么能轻易相信呢?说不定是齐国派来的间谍,不如故作冷静,先保留意见吧。

哪知苏秦好像知道燕王在想什么,他不等燕王说话,便说道:"我此行的目的就是想让大王坚定复仇的决心,苏秦不才,愿与大王一起制定计策,讨伐这个仇敌。"

昭王听这话已经说得很明白了,此时也不再掩饰,不过他依然谨慎地问了苏秦一个问题:"既然你知道寡人的仇敌,那一定也知道,凭借我们现在的实力是根本无法与之抗衡的,况且你既无治国良策,又无用兵之术,我怎么才能相信你有助我复仇的能力呢?"

苏秦说:"这个好办,我已经胸中有数了,这次前来,我正好带来一份大礼,不过这份礼现在拿不出来,因为它还在齐国。"

昭王一听就笑了:"既然是这样,你又怎么送给我呢?"

苏秦叩首再拜，郑重地说："苏秦愿凭一己之力为大王取回子之之乱中被齐国占领的那十座城池，请大王一定准许。"

昭王一听，心想你要真能取回来，可真算你厉害。昭王虽然觉得苏秦有点吹牛，但还是想放手一试，毕竟苏秦还是挺能说会道的。只是燕昭王真没想到，苏秦仅凭三寸之舌就真的取回了十座城池。

苏秦来到齐国，见到齐王后，拜了两拜，头刚低下去，他就说："恭喜大王，贺喜大王。"齐王还没来得及说话，他便又把头抬起来，说："悲哉大王，哀哉大王。"齐王一下子被他弄蒙了，问道："你这是什么意思，态度怎么变得这么快？"

苏秦说："我先给大王讲一个常识吧，我听说有一种叫乌喙的植物，快饿死的人是绝对不吃的，为什么呢？因为这种植物有毒，吃毒草充饥和饿死没什么区别，所以不吃。刚才我恭喜大王，是因为大王从燕国得了十座城池，这是好事，值得恭贺。可是大王想过没有，燕王可是秦王的小女婿，您现在贪图小便宜，欺负燕国，那不就是不给秦国面子吗？将来秦国一动怒，和燕国一起攻打齐国，受伤的不还是齐国吗？这不是和吃了毒草一样吗？"

齐王一听紧张得脸都变色了，连忙问："那我该怎么办？"

苏秦说："齐王先别慌，您现在已经犯下了一个重大的错误，不过聪明人可以利用失败转危为安，控制大局。大王如果相信我，我倒有一个万全之策，不知道大王想不想听。"

齐王早就不知所措了，就让苏秦快说。

苏秦说："解决的办法就是不要得罪秦国，大王如果信我，就将十座城池送还燕国。如此一来，燕国必定高兴，燕国一高兴，秦国也觉得有面子，这样燕、秦都不会为难齐国，不仅不会为难齐国，甚至还可能化敌为友，同时，天下诸侯也都会觉得齐国宽厚仁义，表面看来，齐国是在讨好秦国，少了十座城，实际上齐国在天下多了影响力，实力其实是增强了。"

齐王一听，觉得非常有理，便答应将十座城池送还燕国。

就这样，苏秦不费一兵一卒，仅仅凭着三寸不烂之舌，便帮助燕昭王完成了收复失土的愿望。

果然是三寸之舌强于百万之师呀，轻轻巧巧几句话，十座城池就拿回来了！也许百万之师还不能达到这样的目标吧？

三寸之舌，威力无穷。不仅仅在我国，也不仅仅在古代，不论在哪朝哪代、世界的哪一个地方，莫不如是。

在中世纪前，人们就深知语言的巨大力量。公元前 2080 年前后，埃及一位年迈的法老谆谆告诫准备继承王位的儿子麦雷卡说："当一个雄辩的演讲家吧，你才能成为一个坚强的人。舌头是把利剑，雄辩比打仗更有威力。"

古希腊演讲大师德摩斯第尼认为："雄辩的口才，比准确的子弹更有力；弹无虚发的子弹，敌不过锐利如刀的辩才。"

18 世纪，法国军事家拿破仑说过："一条舌头，能抵三千毛瑟枪。"

在世界各国，关于舌辩强大力量的故事，也不胜枚数。因为一句话而化险为夷，转危为安的故事更是多如牛毛；因为一句话而退兵、一句话而平乱的事也数不胜数。由此可见，会说话，真的是威力无穷，三寸之舌，真是一点也比百万之师逊色。

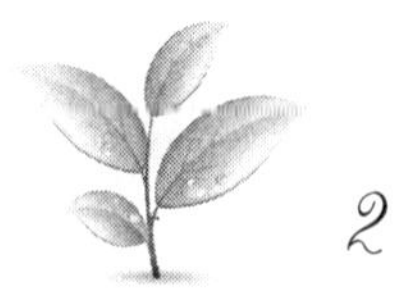

2. 能说会道好办事

在职场，也许口才不能退百万之师，但却一样威力无穷。它可以把两个陌生的人由陌生变为熟悉，由熟悉变成知己或亲密的朋友；它可以解救危机，打开通往坦途的胜利之门；它甚至可以叱咤风，一句话抵得上千军万马，可以翻江倒海、气魄无穷。许多时候，一句话往往决定着得失成败，决定着顺与不顺。

古代有一家做便壶(俗称“夜壶”，旧时男人夜间或病中卧床小便的用具)生意，自产自销。这一年冬天，父子俩都在镇上卖便壶。父亲在南街卖，儿子在北街卖。不多久，儿子的地摊前有了看货的人，其中一人看了一会儿，说道：“这便壶大了些。”儿子马上接过话儿：“大了好哇！装的尿多。”人们听了，觉得很不顺耳，便扭头离去。在南街的父亲也遇到了顾客说便壶大的情况。当听到一个老人自言自语地说“这便壶大了些”后，他马上笑着轻声地接了一句：“大是大了些，可您想想，冬天夜长啊！”好几个顾客听罢，都会意地点了点头，继而掏钱买走了便壶。

父子两人在一个镇上做同一种生意，结果迥异，原因就在会不会说话上。我们不能说当儿子的话说得不对，确实，便壶大装的尿多，他是实话实说。但不可否认，他的话说得欠水平，粗俗的语言难以入耳，令人听了很不舒服。本来，买便壶不俗不丑，但毕竟还有些私密的因素在内。人们可以拿着脸盆、扁担等大大方方地街上走，但若拎着个便壶走在街上，就多少有些不自在了。此时，儿子直通通的大实话怎么不使买者感到几分别扭。而那个父亲则算得上是一个高明的推销商，他先赞同顾客的话(“大是大了些”)，以认同的态度拉近与顾客的距离，然后，又以委婉的话语说“冬天夜长啊”，这句看似离题的话说得实在是好，它无丝毫强卖之嫌，却又富有启示性。其潜台词是：冬天天冷夜夜解次数多且又怕冷不愿意下床是自然的，大便壶正好派上用场。这设身处地的善意提醒，顾客不难明白。卖者说得在理，顾客买下来也就是很自然的了。

儿子一句话砸了生意，父亲一句话盘活了生意，可见能说会道，对于生意重要无比。这其实也是很多成功者成功的秘密。许多成功者都是会说话、口才高妙的大师。

世界上第一位亿万富翁一美国石油大王洛克菲勒是一个公认的会说话者。洛克菲勒的人生光环除了财富便是有一张展现才华的嘴巴。有一年，他下属的一个工厂工人罢工，厂长及职员都无计可施。洛克菲勒真挚地邀请工人代表到办公室，只说了一句话："我求你们快快解决我们的困难吧。"这一句没有任何架子、没有任何利益的话，让这次罢工在两小时后结束了。

能说会道的人，总是更容易成功。在我们的身边，不乏一些有成就、在能力、在地位的人，我们可以发现他们都有一个共同的特点——能说会道。平时我们看不到他们出大力，也看不到他们大费周折，更看不到他们下苦工夫，但他们却不管做什么事都能顺风顺水、游刃有余，靠的就是一张会说话的巧嘴。其实不仅仅在职场，在任何地方，能说会道的人都能比别人办事更顺畅，把事情办得漂亮，而且不管多难的事，他们都能办好。

一名家用电器公司的推销员挨家挨户推销洗衣机，当他到一户人家里，看见这户人家的太太正在用洗衣机洗衣服，就忙说："哎呀！这台洗衣机太旧了，用旧洗衣机洗衣服是很费时间的，太太，该换新的啦……"

结果，不等这位女推销员说完，这位太太马上驳斥道："你这是说的什么话啊！我这台洗衣机很耐用的，用了几年都没有出现过故障，新的也不见得好到哪儿去，我才不换新的呢！"

过了几天，又有一名推销员来拜访这位太太。他说："这是令人怀念的旧洗衣机，因为很耐用，所以对太太有很大的帮助。"

这位推销员先站在太太的立场上说出了她心里想说的话，这位太太非常高兴，于是她马上说道："是啊！这倒是真的！我家这部洗衣机确实已经用了很久，是太旧了点，我倒想换台新的洗衣机！"

于是，这位推销员马上拿出洗衣机的宣传小册子，请她选一款适合她的，太太高兴地选了一款，并且马上付钱买下来了。

会说话与不会说话大不一样。"会说"，便事事顺利，不管什么样的事都能办得成；不会说，则难免四处碰壁，小事也会办得磕磕碰碰。所以，能说会道不仅是能力，更是决定事情成败的关键。能说会道的人，说话得体的人，做任何事情都能得体自然，玲珑有致，受人欢迎。

阿华准备借助朋友于某的旗号做生意，来打开西北的市场。没想到，当他将一笔钱送给于某的当天晚上，于某发生了车祸，死在医院里。这时候，阿华立刻陷入两难境地：开口讨回钱吧，有点太势力，给人雪上加霜；若不讨回，商场如战场，一刻也不能耽误。再说自己的资金也不好周转。

帮忙料理完丧事，阿华想出一个好主意。他是这样开口的："真是可惜，没想到于哥他竟…好在有嫂子您支撑着。不如这样：于哥在生意场上的朋友你也认得，你出来做下去，我在后面为你跑腿，吃苦受累的事我大老爷们不怕，你如果愿意，咱们早些下手。商场如战场嘛！"

看他，丝毫没有讨钱的意思，却还豪气冲天，义气感人，其实他明知于妻没有能力也没有心思干下去。结果呢？于妻反过来安慰他道："这次出事让你生意上受损失了，我是没法干下去，你还是把钱拿回去再找机会吧。"

世事洞明，言语适宜，为人练达，处事得体，这样的人，还有什么事是办不成的？成功大师卡耐基说过，一个人的成功，15%取决于他的专业知识，85%取决于他的口才和人际交往能力。因为只有一个会说话的人，才可以在做事的时候八面玲珑，更快速地达到自己的目的。事实正是如此。

一位推销员奉命到印度去谈判一笔很难成交的军火生意。他事先跟印度军界的一位将军通电话，但故意不提合同的事，只是说："我准备到加尔各答去，这次是专程到新德里拜访阁下，只见一分钟的面就满足了。"那位将军勉强地答应了。

来到将军的办公室，将军先声明："我很忙，请勿多占时间！"冷若冰霜的态度给人增加了极大的失望感。

推销员思索片刻，说出了一番令人意想不到的话："将军阁下，您好。"他说，"我衷心向您表示谢意，感谢您对敝公司采取如此强硬态度。"

将军顿感莫名其妙，一时无言以对。

"因为您使我得到了一个十分幸运的机会，在我过生日的这一天，又回到了自己的出生地。”推销员不紧不慢地说道。“先生，您出生在印度吗？”将军冷漠的脸上露出了一丝微笑。

“是的！”推销员打开了话匣子，“1929 年的今天，我出生在贵国名城加尔各答。当时，我父亲是法国密歇尔公司驻印度的代表。印度人民是好客的，我们一家的生活得到了很好的照顾。”

接着，推销员又深情地谈起了他对童年生活的美好回忆：“我过 4 岁生日的时候，邻居的一位印度老大妈送给我一件可爱的小玩具，我和印度小朋友一起坐在象背上，度过了我一生中最幸福的一天……”

将军被他的一番情真意切的话语深深感动了，当即提出邀请：“您能在印度过生日太好了，今天我想请您共进午餐，表示对您生日的祝贺。”

汽车驶往饭店途中，推销员打开公文包，取出颜色已经泛黄的合影照片，双手捧着，恭恭敬敬地展放在将军面前，“将军阁下！您看这个人是谁？”

“这不是圣雄甘地吗？”将军吃惊地说道。

“是呀！您再仔细瞧瞧左边那个小孩，那就是我 4 岁时，我和父母一道回国途中，曾经十分荣幸地和圣雄甘地同乘一条船。这张照片就是在船上拍的。我父亲一直把它当作最宝贵的礼物珍藏着。这次，我要拜谒圣雄甘地的陵墓。”

“我非常感谢您对圣雄甘地和印度人民的友好感情”，将军紧紧握住了推销员的手。

当推销员告别将军回到住处时，这桩生意已成交。

在现代商战中，有无数的伙伴可以选择，而且每一家都非常有实力，关键在于你如何以适当的语言打动对方，让对方心甘情愿地与你合作。这正是职场说话的精髓。越是能说会道的人，才是会办事、能办事、并且能把事情办好的人。

3.

把话说到对方心窝里

在这个竞争激烈的社会，拥有一张无所不能的巧嘴尤为重要。很多事情的成败在于是否把话说到别人心里，会把话说到别人心里才能无往不胜。

说话是一门艺术，是一门值得推敲的艺术，尤其是在人际交往的过程中，说话的好与坏关系到交往的功效。而揣测对方心理，把话说到别人的心窝里去，是说话得体、动听从而达到目的的关键。在这方面，《红楼梦》中的王熙凤可称典范。

王熙凤初见黛玉，笑道："天下真有这样标致的人物，我今儿才算见了！况且这通身的气派，竟不像老祖宗的外孙女儿，竟是个嫡亲的孙女，怨不得老祖宗天天口头心头一时不忘。只可怜我这妹妹这样命苦，怎么姑妈偏就去世了！"

王熙凤是贾府中炙手可热的人物，她的权势多半是来源于贾母的宠信，所以熙凤行事说话时时刻刻都依据贾母的爱憎好恶，揣测其心理。初见贾母的外孙女黛玉，便恭维她是天下最标致的人物，"我今儿才算见了"，似乎是在说她从未见识过，而周旋于贾府上下人中，又是名门之女的王熙凤不是没有见过世面，为什么对黛玉如此夸奖呢？我们知道：是贾母一再执意要把自己唯一的女儿的孩子黛玉接进贾府的，承受失女之痛的贾母自然会把对女儿的感情转移到外孙女的身上，心肝儿肉地疼爱。听到有人这么夸奖外孙女，贾母定是欢喜，尽管这话已恭维到令人肉麻的地步，但又有谁能拒绝呢！接着，熙凤又说黛玉不是贾母的外孙女而是孙女，这显然违背事实。

但有时候，假话比真话更让人爱听。由外孙女到孙女，其潜台词是想告诉贾母：黛玉就像是她自己调教出来的孙女一样。此话如扑面之清风，贾母怎不受用？对于寄人篱下的黛玉来说，置身于人地两疏的贾府听到别人的夸奖，并且说自己是贾府的最高统治者贾母的嫡亲孙女，除了高兴之外，说不定还有感激呢！不仅如此，王熙凤始终没有忘记，或者说更清楚黛玉进贾府的原因：姑妈去世。女儿的去世会给贾母以精神上的打击，而失去母亲的黛玉感情上更是不必说。所以熙凤又向二人表达自己的悲伤与哀痛——“怎么姑妈偏就去世了”。真是做尽了人情，好一个八面玲珑的人物！

总受大家欢迎、善于说话的人，都非常精通对方的心理，善于顺时应变，把话说到对方心窝里去，这样别人才能由衷地服你、信你，并心甘情愿地按照你设计的路走下去，达到你所要的目的。

三国时期，刘、关、张率军与曹操激战失利，关羽被曹操围在一座土山上。曹操很爱惜关羽这样的人才，可是，该怎么去劝他投降呢？显然，靠正常的方法是不行的，关羽早已决心以死相拼，不吃这一套。

张辽出面了，他对关羽说：“你若战死，首先就有三个罪过。你和刘备是桃园结义，誓同生死，如今刘备刚战败你就死了，它日刘备倘若东山再起，却得不到你的帮助，你不是有负当年的誓约吗？此为第一罪。第二罪，刘备托家眷于你，你若战死则使她们无依无靠，有负重托。第三个罪过，你武艺超群，兼通经史，不图协助刘备匡扶汉室，却想一拼匹夫之勇，显得胸无大谋，算不得是个忠义之士。”

张辽见关羽面色犹豫，趁热打铁地说：“依我之见，眼下不若暂且下山。大丈夫能屈能伸，只要忠心不变即可。以后，去打听刘备的下落再去找他。这样，你既能完成刘备的托眷重任，又能协助他大展匡扶汉室、统一天下之宏愿，愿关将军三思。”

张辽这一席话，足可与诸葛亮舌战群儒相媲美。按常规来说，投降曹操是不仁不义，而宁死不屈则忠义双全，可在张辽嘴里一切全变了，关羽如果拼死不降，反而是不仁不义。张辽以他那三寸不烂之舌减少了血洒战场的局面，在张辽的劝说下，关羽感情上的弯子终于转了过来，而且还与曹操立下降汉不降曹等三誓，欣然投降。

要不是张辽的机敏善辩、会说话，把话说到了关羽的心坎上，重情重义、高风亮节的关羽如何肯轻易就降？正是因为张辽的话直接说到了关羽的心窝里，才关羽才同意了张辽的观点，乖乖地降了。要不然，像关羽这样宁折不弯、义薄云天的人，不管曹操给予多大的好处，宁死也不会降曹的。

只有把话说到别人的心窝里，才能打动别人，也才能达到自己的目的，才能使自己的工作更顺利，使事情更完美。

4.见什么人说什么话

清代李宝嘉所著名著《官场现形记》第38回中有一段专门说道“说话”的技巧：“第二要嘴巴会说，见人说人话，见鬼说鬼话，见了官场说官场上的话，见了生意人说生意场中的话。”这可谓一句中的，切中了说话的要害。

不管说什么话，好话还是坏话，都是要看对象的，必须要分清是对什么人说。同样一句话，你对甲说，甲肯全神贯注地听，你对乙说，乙却顾左右而言他。同样的话，对男人说得，对女人说不得；对孩子说得，对老人说不得；对同事说得，对领导说不得；对朋友说得，对陌生人说不得；对爱人说得，对别人说不得……所以，说话务必分清对象，见什么人说什么话，才能把话说得入耳入心，服帖中听。

有一个人擅长奉承，一日请客，客人到齐后，他挨个问人家是怎么来的。第一位说是坐出租车来的，他大拇指一竖："潇洒，潇洒！"第二位是个领导，说是亲自开车来的。他惊叹道："时髦，时髦！"第三位显得不好意思，说是骑自行车来的。他拍着人家的肩头连声称赞："廉洁，廉洁！"第四位没权也没势，自行车也丢了，说是走着来的。他也面露羡慕："健康，健康！"第五位见他捧技高超，想难一难他，说是爬着来的。他击掌叫好："稳当，稳当！"

这样的故事也许会令人捧腹大笑，也会有人不以为然，但我们可以从中悟出见什么人说什么话的奥妙所在。

生活中，人是各种各样的，他们的心理特点、脾气秉性、语言习惯也都不相同，因此，他们对语言信息的要求也是不同的。所以，不能用统一的通用的标准语的说话方式来交流。要学会见什么人说什么话，才能有很好的交流作用，也达到我们说话的目的和效果。

一般来说，办事严谨、诚实、老练的人，最喜欢听流利而稳重的话，这时，你说话时要注意态度尊敬，既不能高谈阔论，也不可婉转如簧，而应以忠实见长，朴实无华，直而不曲。话语虽简单，但言必中的，给人以老实敦厚的印象。

若对方性情豪放、粗犷，耿直、急切，则他喜欢听耿直、爽快的话，那么你就应忠诚、坦白，知无不言、言无不尽，对美丑、善恶的爱憎要强烈分明。就要开门见山，有话直说，千万不要兜圈子，兜来兜去不仅没把自己的意思表达清楚，反倒还会惹得别人不高兴，甚至对你的看法也改变了，这样肯定于你不利。

有位名牌大学中文系毕业的高才生，想应聘某公司办公室秘书。招聘会上，这位高才生自我推销时却因为太绕而失去了机会。她先说："经理，听说你们公司的环境相当不错。"经理点了点头。接着，高才生又说："现在高学历的人才是越来越多了。"经理还是点了点头，什么也没说。而后，高才生又说："经理，秘书一般要大学毕业，要比较能写吧？"高才生的话兜了一个大大的圈子，还是未能道出自己的本意。这位经理却是个急性子，他喜欢别人与他一样，说话办事干脆利落。一看这个人这样拐弯抹角，很不高兴，打断她的话说：“我觉得你不太适合我们的工作，对不起，请你离开，我们请下一位。”

性格不同，说话也不相同，急性了当然最怕兜圈子，所以这位高才生失去机会也没有什么稀奇。见什么人说什么话，找工作去就得简洁明了地说明自己的要求和目的，表现自己的长处和优点，拐弯抹角只会让人觉得做作和讨厌。

见什么人说什么话，就要把话说得别人能懂、能明白。如果不管对什么人都故作高深，咬文嚼字，卖弄水平，只能说明自己迂腐，不通世故人情。古代有很多这类的笑话，就是讥讽一些人不知道看对象说话，令人捧腹的同时，也足以给我们警醒。

一位秀才看到有卖柴的过来了，想买下这担柴，就说：“荷薪者过来。”卖柴的因“过来”两字听懂了，便把柴挑到了秀才跟前。秀才又问：“其价几何？”卖柴的因听懂了“价”字，便说了个价钱。秀才说：“外实而内虚，烟多而焰少，请损之。”卖柴的不知道他说的是什么意思，挑着柴走了。秀才一看卖柴的走了，着急起来，于是大喊着说：“卖柴的，还个价再走呀？”卖柴的一听，哦，是要还价哩，很生气地回答：“要还价你早说呀，害我又背这么远？”懒得回来，走了。

还有一个笑话，说一位爱卖弄文才的官员，一次到乡下，问当地的老人说：“贵县风土如何？”老人答道：“本县风沙不大，尘土也少。”老人根本就不懂他说的风土的意思。

但这位官员继续问：“近来黎庶（古代指老百姓）如何？”老人说：“今年梨树不错啊，就是虫吃掉了一些。”

官员觉得不妥，只好再问：“那百姓如何？”

老人答：“白杏只有两棵，红杏倒不少。”

这位官员无言以对，只好走了。

见什么人说什么话，面对大字不识的文盲乡亲，何必弄得文绉绉，让人听不懂？别人听不懂，自然不能答你的话，那你问了又有什么用？

俗话说："秀才遇到兵，有理说不清。"其实不是说不清，而是不会说。若是秀才能从兵的角度来讲理，语言明白晓畅，不搞那些虚头巴脑的虚话套话，也抛开那些之乎者也，直来直去，哪有讲不清的道理？所以说话也要讲究随势而变，因人而异。当粗则粗，当雅则雅。若是对粗人文绉绉，绝没有效果；但如果对雅人粗鲁，则必然会唐突、冒犯，伤了感情。所以，遇到莽汉不妨说粗语，这样反倒能拉近彼此的关系。反倒是咬文嚼字、文辞雅丽会惹出麻烦。但是若你遇到的本就是一位清雅高贵的文士，却用粗俗之语交谈，自然会招致别人的白眼。

见什么人说什么话，不仅要针对对方的脾气、性格、年龄、性别、知识、爱好和环境，来说不同的话，还要学会投人所"好"，才能把话说得中听、入耳，打动别人，这也才是真正聪明、智慧、会说话的人。

与地位较高的人谈话时，态度要尊敬，对方讲话时要全神贯注地聆听；不要随意插话，除非对方希望你有所响应；回答问题时要简洁适当，尽量不说及题外话；说话态度自然，不要显得紧张；不要做"应声虫"，因为当你只一味地说"是"时，对方可能会心生不悦，甚至认为你没有主见。

与地位低的人谈话时，你应表现出庄重的态度，千万不可在交谈时漫不经心。一旦你认为和对方谈话不用多费脑筋，你的态度就会给人一种随随便便的感觉，更何况对方的地位虽然比你低，并不意味着他的能力也一定比你弱。所以，这时你应让对方感觉到你对他的谈话内容有兴趣，并且让他继续说下去。而当你说话时，你必须庄重、有礼、和蔼，避免出现高高在上的态度。此外，你不妨赞美对方出色的工作表现。但切记不要太过聒噪，或太过亲密；最重要的是，你不要用自己的优越地位去阻止对方发言。

和异性谈话时，要注意分寸。不要随便开玩笑，更不能言语暧昧，而要大方随和，文明有礼，既要表现出亲切和随和，又不能超出底线，既要尊敬对方，又不能使对方觉得有距离，要表现出有礼、诚恳、尊重、和善的态度，才能让对方觉得与你谈话是一件十分愉快的事。

和年长的人谈话时，应该保持谦虚的态度。你会经常听到长辈在教育后辈时说："我走过的桥比你走过的路还多。"其实这句话很有道理，因为老年人接受的新知识虽然比你少，可是他的人生经验却比你丰富，所以在双方谈话的过程中，你应谦逊虚心。特别是有些老年人不喜欢别人说自己年事已高，甚至他们希望自己显得比真实年龄年轻。所以在与老年人谈话时，你不要直接谈及他的年纪，只需提及他的阅历。一旦这种话题赢得他的欢心，他会觉得你非常讨人喜欢。

和年轻的人谈话时，你会发现有些人的思想比较成熟，有些人则没有你懂得多。如果遇到第一种情形，你和对方的交谈并不会有太大的障碍，只要你表现出更为沉稳的态度即可。也就是说，不要降低自己的身份，也不要给对方直呼你姓名的机会，同时避免与他们有所辩论。你只需让他们明白，你希望他们尊敬你，而你也一直在维护自己的尊严。毕竟人们总是因为你自己看得起自己，别人才会对你尊重有加，尤其那些比你年幼的人更是如此。

另外，当你与对方交谈时，你也必须考虑到对方的文化背景，因为不同文化背景的人，在说话方式上也会呈现不同的特点。

简单地说，从事不同职业、具有不同专长的人，他们所接触的信息类型和话题往往不相同，而他们也会因为不同的专业知识和经验，对不同的话题津津乐道。因此，如果你以对方一窍不通或一知半解的事物作为话题，他们就会觉得味同嚼蜡，这样，你想与对方继续深谈将会显得十分困难。相反，如果你能抓住对方职业或专长上的特点，并借此作为交谈的话题，就能非常容易拉近心灵间的距离，从而使双方产生极佳的共鸣。

总之，与不同的对象谈话，就要采用不同的谈话方式。见什么人说什么话，才能够使你的话既入耳中听，又有力量，让话语成为成功的秘密武器。

5.

不同的场合说不同的话

说话不仅要分清对象，更要分清场合。不同的时机说不同的话，而不能不管什么时候都大胆说话。因为不同的场合适合不同的话语。批评的话在人多的场合说，会很让人下不了台，而赞美的话只对他一个人说，则未免有阿谀之嫌；秘密的话显然不能当众说，公开的话当然不能私下说……说话不仅要看对象，还要看时机，看场合。不同的场合说不同的话，才能让我们说的话有力量、有效率、有作用。要不然，不仅费力不讨好，甚至还会招来麻烦和祸患。

当年赵高要陷害李斯，对李斯申说秦二世的行为不对，劝李斯进谏，并约定秦二世有闲时候，代为通知李斯。有一天李斯应约进宫，二世正与姬妾取乐，看见李斯进来。心中很不高兴，而李斯却茫然无所知，正言进谏，二世只好当场敷衍一下。等李斯一退出，二世便开始发牢骚，说丞相瞧不起他，什么时候不好说，偏在这个时候来啰唆！李斯的杀身之祸也就以此为发端的。

可见你要向对方说话，应该注意什么时候最适宜。对方正在工作紧张的时候，不要去说话；对方正在焦急的时候，不要去说话；对方正在盛怒的时候，不要去说话；对方正在放浪形骸的时候，也不要去说话；对方正在悲伤的时候，更不要去说话。只要有上述几种情形之一，你去说话，一定会碰一鼻子灰，不但说话的目的达不到，而遭冷遇，受申斥也是意料中的事。

俗话说："出门观天色，进门看脸色。"观天色，可推知阴晴雨雪，携带雨具，以不受日晒雨淋。看脸色，便可知其情绪。面部表情的色彩屏幕上显示的图像不同，人的情绪也不同。学会察言观色，分清对象场合，也是学会说话的重要技巧。

> 有位记者去某足球队采访，一进门，发现休息室气氛沉闷，教练铁青着脸，双眼圆睁。队员们耷拉着脑袋，垂头丧气。他赶紧退了出去，取消了这次采访。后来，他打听到，球队刚刚在比赛中吃了败仗，正在怄气。倘若当时他不看脸色，硬要不识趣地去采访吃了败仗的足球队，不但不会有什么收获，而且还会挨骂。

这位记者就是一位深谙说话之道的人，懂得采访的“火候”，知趣得很。俗话说：人好水也甜，花好月也圆。人在高兴时，心情舒畅，看见高楼大厦，会想到“凝固的音乐”。看见车水马龙会想到“滚动的音乐”。情绪好，容易体谅人，礼让、关心和帮助他人，也乐意与人攀谈，接受别人的邀请，甚至看见小狗也可能热情地打个招呼。正所谓“人逢喜事精神爽”嘛！而人在烦恼时，心情抑郁，欣赏“田园交响曲”，也会觉得是噪声。

因此，学会察言观色，留意对方的表情，互谅互让，该治则治，该躲则躲，当止即止，及时地改变先前的决定，及时地退或进，把握好恰当的说话时机，选对说话的场合，那么，你的话一定是恰当得体、高效圆满的。当然那种阿谀奉承，吹牛拍马的话，不论在什么样的场合都只会惹人生厌，理应受到的是鄙弃。

说话的场合是很重要的。说话之前不仅要看对象，还要看场合。先看看这个时候，你是要说话的时候吗？如果时候不对，还说话的好，说话的成功与失败，诚然与你的说话技术有关，而是否得其人得其时，也与你说话的成败有很大的关系。

6. 多说赞美话，少说批评语

每个人都需要被肯定，尤其是得到他人的肯定。爱听溢美之词是人的天性，虚荣是人性的弱点。人人都需要赞美，需要别人的肯定。真诚而又充满智慧的赞美，一定能让别人喜欢你、相信你，进而信服你，心甘情愿地帮助你。因此，在与他人相处时，不妨多说赞美话，少说批评语，这样就可以提高、润滑你的人际关系，让你到处受欢迎。

法国总统戴高乐访问美国期间，在一次尼克松为他举行的宴会上，尼克松夫人费了很大劲布置了一个美观的鲜花展台：在一张马蹄形的桌子中央，鲜艳夺目的热带鲜花衬托出一个精致的喷泉。精明的戴高乐将军一眼就看出这是主人为了欢迎他而精心设计制作的，不禁脱口称赞道："女主人为举行一次正式的宴会一定要花很多时间来进行计划和布置，才能让一切这么漂亮、雅致。"尼克松夫人听了十分高兴。事后，她说："大多数来访的大人物要么不加注意，要么不屑为此向女主人道谢，而他总是能想到和讲到。"而且尼克松夫人还在很多政要面前提及戴高乐的这一次赞美，并大赞他的人品。这使得戴高乐在美国一些政要心目中的形象非常好。

可见，一句简单的赞美他人的话，会带来多么好的效果。

美国著名心理学家威廉·詹姆斯说过："人类本性中最深的企图之一是期望被赞美、钦佩、尊重。"希望得到尊重和赞美，是人们内心深处的一种愿望，如果你善于满足别人的这种愿望，那么你肯定能受到别人的欢迎。

莎士比亚曾经说过："夸奖他事实上并不拥有的美德。"因此，不要认为别人不值得你赞美，任何人都会有他的优点，都有值得赞美的地方。

有一位帅哥，人缘奇佳，而且不管男女，都对他赞誉有加。他的朋友很奇怪，不就长得帅点吗？咋就有这么大的魅力？于是跟着他想学学有啥奇招。

这天，两个人去谈业务时，遇到一位相貌吓人、奇丑无比的女士，那位丑女做过自我介绍后，帅哥很真诚地夸她说："你的名字真好，通俗易懂。"丑女感到非常高兴。这单生意做得非常顺利。而且丑女还非常热心地帮他们介绍了另一桩生意。

回来的路上，帅哥的朋友很不解地问他为什么这么夸她。帅哥解释说："遇到一位女性，如果她有几分姿色，那么你就称赞她漂亮；如果她算不上漂亮，那么你就称赞她可爱；如果她可爱也算不上，你就称赞她有气质；如果她连气质也谈不上，那么就称赞她有个性；如果她性格也一般，那就称赞她名字别致、脱俗；如果连名字都很一般，那么你还可以称赞她的名字通俗易懂。"

帅哥的朋友这回彻底服了。

赞美其实是很难拒绝的"诱惑"。不管是男人还是女人，总是喜欢听到别人的夸奖。曾有一位名人说过："人性最大的欲望莫过于受到外界的关注与赞扬。"的确，在生活中，只要你给予他人多一分关注和毫不吝啬的赞美，人们自会感怀在心，牢记着你的每一句话，甚至在你早就忘掉自己的赞美之后，他们仍将视同珍宝般反复地从记忆中取出，慢慢地咀嚼、品味。因此不要吝啬自己的赞美，真诚的赞美能让人感怀一生。

一天，某公司刚来不久的一位员工在午饭后休息的时间里用自己包里随身携带的工具修好了卫生间里漏水的水龙头。这件小事被公司的总经理知道后，马上召开了一次全体员工大会。在会上，总经理当着所有员工的面，把那位修水龙头的员工请到了主席台上，大力表扬了一番后，又号召全体员工向他学习。

坐在下面的员工见老总亲自召开大会的目的竟只是为了表扬一下做了一件普通小事的员工，便都不以为然。因为修水龙头这种事在他们眼里毕竟太小了，不足以登大雅之堂，所以都私下里认为老总是在“作秀”。

然而，那位受到表扬的员工，在感动之余热情高涨，他视公司的事为自己的事，把公司当成自己的家，事事为公司着想，后来成了公司的骨干力量。

真诚的赞美比世界上任何的鼓励都更有效。别小看一句小小的赞美，它就是一颗火种，能激发出一个人最大的潜力，点燃一个人熊熊燃烧的热情。在公司里，如果你经常对同事说，“你真能干”、“跟你合作我太高兴了”你的人际关系就会出现奇迹。因为这样真诚的赞美会破开别人心中所有的藩篱，与你坦诚相待，真心相对；如果你经常对下属说：“干得好！”、“太棒了！”有时再加上“多谢了”、“太感谢了”，那你的团队将效率倍增，因为真诚的赞美会激发出他们深藏的热情，这样的热情足以创造出奇迹。要及时去发现下属中谁该有什么需要你道谢的事情。每次说一句“谢谢你”，其实就等于表扬了一次，也是对下属所做的事情的一种赞许。当你能让人们知道你是如何感谢他们时，当你能为了一些微不足道的事情表扬他们的时候，他们就想为你做更多的事情。这样一来，你就获得了驾驭别人的能力。

人人都需要赞美，人人都值得赞美，赞美会有效地改善我们的人际关系，赞美能很好地激发热情，赞美能使你更受欢迎，那我们为什么不能多说一些赞美的话，少说一些批评语呢？

当然，有时候批评也是必需的。但是，我们也可以抱着赞美的态度来对待批评，那么即便是批评之语，也许婉转动听得多，更易被人接受，更利于人际关系的和谐。

约瑟芬·卡耐基是19岁时来到纽约，给她的伯父戴尔·卡耐基当秘书的。那时候，她中学毕业刚三年，工作经验不足，常常在工作中出差错。

卡耐基想让约瑟芬改正错误时，常常先这样说：“你出了个错误，约瑟芬，不过老天知道，比我曾经犯过的错误来，你的错误要轻得多。我对自己所做的傻事、蠢事很感内疚，因而并不想批评你或别人。不过，如果你这样做，你觉得是否更明智些？”

柯立芝在担任美国总统期间，一位先生应邀去总统的私人办公室时，听见柯立芝对他的一位女秘书说：“你穿的这件衣服很合身，你真是一位年轻迷人的小姐。”

这可能是沉默寡言的柯立芝对他的这位秘书的最大夸奖。女秘书的脸红了。

但柯立芝话锋一转，又说：“另外，我还想告诉你，以后抄写时要注意一下标点符号。”

批评他人时，如果语气委婉，被批评者就容易接受。因为对方认为你的委婉是给了自己面子，感激之余，就会接受批评，积极地改正。反之，如果批评者语气火暴，对方会因其伤了自己的自尊而心生反感；这样就达不到批评教育的目的。

直接地批评他人，很容易引起对方的反感；而一个生动形象的讽喻，则能化深奥为浅显，化抽象为具体，使对方在易接受的同时，心灵也能受到深深的震撼。这样，对方就能深刻地认识到自身的错误，从而愿意去积极地改正。

用提问的方式进行批评，适用于善于思考、性格内向、各方面比较成熟的人。这些人一般都有一定的思考接受能力，对自己的过失，多数情况下可以自我醒悟。只需把批评信息传给他们，他们就会加以注意，并随之在思考中认识到自己的错误。

批评、苛责对方时，一定要把握分寸、掌握好尺度，否则，就会事与愿违。有益的批评应当把事与人分开，对事不对人，这样才会达到较理想的效果。

批评的话是逆耳之言，却是苦口良药。事实上，如果你正懂得批评的艺术，那么就应该相信自己，有能力把逆耳说得好听，并且让人接受。

许多军人在受训期间，最常抱怨的就是必须理发，甚至有抵触行为，不愿意理发。有位聪明的军官没有像其他军官那样恶言厉色地大发脾气，而是对他的士兵做了一次演说：“诸位，你们都是未来的领导者，都知道军队中对头发的规定，我今天就要按照规定去理发，尽管我的头发比你们还短得多。诸位等一下可以去照照镜子，如果觉得必要，我们可以安排时间到理发室去。”

结果，许多人真的去照了镜子，并且依规定理好了头发。这个军官避免了事与愿违的常规做法；相反，他采用了间接的批评方式，巧妙地达到了自己的目的。

批评的艺术在于言语要简洁、扼要，却能给人以丰富的联想。反之，话讲得多了，会起到相反的作用，对方会对你产生反感，反而会产生事与愿违的结果。有时候批评不妨转个弯，不必说得太直，一语双关更有效力。

有一位年轻的作者到编辑部送稿，编辑看后问道：“小说是你自己写的吗？”

“是的。”年轻人回答，“我构思了一个月，整整坐了两天才写出来，写作太辛苦了！”

编辑突然大发感叹：“啊！伟大的契诃夫，您什么时候又复活了啊！”

年轻人红着脸悄悄地退出了编辑部。

这位编辑一语双关地批评了年轻人，“伟大的契诃夫，您什么时候又复活了啊！”隐含着“你抄袭了契诃夫的作品”之意，既含蓄诙谐，又具有强烈的讽刺力量。可以想见，这样的批评效果远比板着脸、快语明言地教训人要好得多，也更容易让人接受。

批评是为了改正错误，而不是为了把谁一棒子打死，所以，批评要适可而止，不可穷追不舍，更不宜过分严厉。

某工厂有一位李姓工人私自把仓库里的一根钢筋拿回了家，并安在了窗户上。这事被厂领导知道了。于是，该领导抓住这一点，把李某狠狠地批评了一通。当然，李某也认识自己的确错了，很诚恳地向厂领导认错。这件事本该到此为止，但厂领导并没有善罢甘休，非让李某写下书面保证并公开在厂中认错不可。书面保证可以写，但公开认错就有点勉为其难了。这类事本来就不光彩，如果让厂里同事都知道了，李某觉得很难堪。可是，寻思来寻思去，仍找不到下台的办法，于是便离厂出走了。

俗话说“世界上没有不犯错误的人”。当我们面对一个犯有某种过错的人时，能够做的补救措施之一，就是用语言向对方指点迷津，促其浪子回头、迷途知返。不过，批评犯有过错的人，与平常说话是有较大差异的：太过或不及，都难于取得令对方口服心服的效果。因此，批评或劝诫犯有过错的人，必须把握言语内容、言语形式和言语分寸。

作为职场中人，批评或是被批评都在所难免。但是，我们应当把握住一条，那就是多说赞美话，少说批评语。赞美要真诚坦荡，批评则不可过直过重，这样才能使我们的人缘更好，职场之路更顺。

7. 客套话更要说得恰当

客套是指在交际场合中用于应酬、表示客气的言语 行为等。说起话来彬彬有礼、温文尔雅，是讲文明、懂礼貌的表现，也是一个人有良德修养、较高文化素质的显现。

我们的国家是礼仪之邦，自古以来就形成了客套的习惯，无论是访亲交友还是求人办事都少不了要客气几句。像“你好”、“久仰”、“让您操心了”、“麻烦您……”之类的话我们随时都能听到。

这样的客套话可以向别人表示感谢，有利于良好的沟通，建立融洽的人际关系。在求人办事以后，应真诚地说一声“谢谢”。如果你不说一声“谢谢”，只把感激之情埋在心底，对方会有一种不快的感觉，他的劳动没有得到肯定，或认为你不懂礼貌，今后也不会再帮助你。同样，在打搅别人，给别人添麻烦时能真诚地说一声“对不起”，对方的气就会削弱一半。在人际交往、求人办事中，客套的作用不容低估。

你可曾有过这样的经验，当你偶然走入一个地方时，那里有你熟悉和不熟悉的朋友，他们看见你来了，立即起身迎上你，对你表示欢迎，然后坐下，给你泡上一杯茶，再接下来，双方寒暄几句，客套一番。这样一来，对方的感觉会很好，情舒畅自己的感受也会很好，双方可以由此变得更加增进好感，从而使友谊更进一步，不知不觉中，为你交友办事打开了方便之门。

但是，与人客套也要分清场合和对象，过于客套只能给你增添不必要的麻烦。

有一位外语专业的毕业生去美国公司应聘，因知识和能力较强，最初胜过了几名竞争对手。最后一轮面试，美国总经理问她：“你的交际能力怎么样？”

这位同学回答：“还可以。”

对方又问：“如果我们录用了你，你认为自己可以胜任这份工作吗？”

该同学回答：“应该可以吧。”

对方又问：“你对加入我们公司有什么想法？”

该同学说：“我非常感谢贵公司给我这个机会，我刚毕业，缺乏经验，业务能力也有限，不知道能不能胜任这个工作。但我会努力的。”

结果这位同学却遭到了淘汰。因为这位经理觉得这位同学根本没有自信和实力胜任他竞争的这份工作——其实是美国人对该同学这种中国式的谦虚和客套不能理解，以为他说的都是真的，既然又没经验，能力又有限，那还聘用你干吗哩？

中国人习惯于低调、谦虚、客套，但外国人却爱较真。把你的客套和谦虚当成真的了。所以，客套也要恰当，不要过度。客套话说得过多，连中国人也会觉得你假模假样，令人厌恶。尤其是在关系已经很好的朋友之间。过分地粉饰雕琢，会失去心理的纯真自然。绕弯过多，礼仪过分，反而给人“见外”的感觉，显得不够坦诚，反倒会使关系生分起来。

比如在办公室，有人替你做一点小小的事情，像帮你倒一杯茶，说勉励“谢谢”也就够了。要是说“谢谢你，真对不起，我不该拿这小事情麻烦你，真使我觉得难过，实在太感激了……”等一大串，就让人觉得不舒服。

在人际交往中，谦逊礼让是完全必要的，然而不分对象、不分场合，一味“对不起”，未免有虚伪的嫌疑，搞得别人很难为情。所以客套话一定要适当。说客套话时要注意：

(1)说客气话的时候要充满真诚。像背熟了的成语似的流水般泻出来的客气话最易让人觉得没诚意，必不能引起听者的好感。“贵号生意一定发达兴隆。”“小弟才疏学浅，一切请阁下多多指教。”……这些缺乏感情的、完全是公式化的恭维语，若从谈话的艺术观点来看，是非加以改正不可的。

说话时态度更要温雅，不可表现出急促紧张的状态。还有，说话时要保持身体的均衡，用过度的打躬作揖、摇头摆身的作态来显露你说客气话的表情并不是一个“雅观”的举止。

(2)要言之有物，这是说一切话所必具备的条件。与其泛说“久仰大名，如雷贯耳”，不如说“阁下上次主持的冬季救灾义演晚会成绩之佳，真是出人意料”等话。至于恭维别人生意兴隆，不如赞美他推销产品的能力，或赞美他的经营手腕。请人“指教一切”是不行的，你应该择其所长，集中某点请他指教，如此他一定高兴得多。

(3)朋友之间不必过分客套。朋友熟识以后就应竭力少用那些“府上”、“麻烦你”等词句，如果一直用下去，则真挚的友谊就会难以建立。客气话是表示你的恭敬或感激，不是用来敷衍朋友的，所以要适可而止。多用就流于迂腐，流于浮滑，流于虚伪。把平时对朋友太客气的言语略改得坦率一点，你一定可以享受到友谊之乐。

总之，客气话要说，但不可多说，要说得恰当，而不可使人生厌。客气话还要说得坦诚、得体，这样，你所说的客气话，才能真正成为促进关系和谐、增进感情的润滑剂。这样的话听在对方耳中，感受自然和一般客套话不同。会说话的人都会把握其中的分寸。

8. 善于打圆场

无论是在生活还是工作中，或者是在人际交往时，我们都不可避免地会遇到一些尴尬或僵持场面的出现，这个时候如果没有人站出来打圆场，那么就很可能引起一方或双方的不快，干扰事情的正常推进，甚至影响到彼此的关系。而那些善于缓和局面、调和矛盾的员工，总是能做到审时度势，借助恰到好处的话语及时出面打圆场，巧妙地化解尴尬，把僵持的场面转化成愉快的气氛。所以，善于打圆场，也是优秀员工与众不同的职场功夫。

20世纪50年代一次国宴，外宾见了汤菜内的笋片为法西斯的标志，感到迷惑不解，于是询问周恩来总理。周总理一看，发现是民族图案“卍”翻滚造成的，便解释说：“这不是法西斯标志，是中国传统图案，叫‘万’字，象征福寿绵长，是对客人的良好祝愿！”接着又风趣地说：“就算是法西斯标志也没有关系嘛！我们大家一齐来消灭法西斯，把它吃掉！”听了这机智巧妙的解说，宾主哈哈大笑，气氛更加友好热烈，这道汤菜很快被吃了个精光。

法西斯的标志“出现”在宴席上，这一事件当然令宾主都感到不悦，由于周总理使用了“将严肃问题诙谐化”的语言技巧，在对“万”字符进行解说之后，号召大家吃掉法西斯，结果一下子令僵化的气氛活跃起来，宾主双方的尴尬与疑虑烟消云散。

打圆场是一种语言艺术，它能有效地调解纠纷，化解矛盾，避免尴尬，打破僵局。打圆场必须从善意的角度出发，以特定的话语去缓和紧张气氛，调节人际关系。因此，维护交际活动的正常进行，就显得十分重要和宝贵，也确实是十分必要和值得重视的。

而要想成功地打圆场，可以针对实际情况，灵活对待，或用幽默的话语转移话题，制造轻松气氛；或指各方观点的合理性，强调尴尬事件有其合理性；也可以故意歪曲对方话里的意思，而做出双方都能接受的解释；还可以肯定双方看法的合理性，找到双方都能接受的解决方法。下面就介绍几种如何打圆场的技巧：

1. 转移话题，制造轻松气氛。当尴尬或僵局出现时，有些人由于情绪上的冲动，往往会在一些问题上互不相让。在打圆场时，不妨岔开他们的话题，转移他们的注意力。如果某个较为严肃、敏感的问题弄得交谈双方都很对立，甚至阻碍交谈正常顺利进行时，可以暂时让它回避一下，通过转移话题，用一些轻松、愉快的话题来活跃气氛，转移双方的注意力，或者通过幽默的话语将严肃的话题淡化，使原来僵持的场面重新活跃起来，从而缓和尴尬的局面。朋友之间为了某个问题争得面红耳赤、僵持不下时，可以适时转移话题或者说一个笑话，让双方的情绪平缓下来，在轻松的气氛中让尴尬消失殆尽，使交际活动得以顺利进行。

2. 侧面点拨。即不作直言相告，而是从侧面委婉地点拨对方，使其明白自己的不满，打消失当的念头。这一技巧通常借助于问句的形式表达出来。

3. 找个借口，给对方台阶下。有些人之所以在交际活动中陷入窘境，常常是因为他们在特定的场合做出了不合时宜或不合情理，于是就进一步造成整个局面的尴尬和难堪。在这种情形下，最行之有效的打圆场的方法，是换一个角度或找一个借口，以合情合理的解释来证明对方有悖常理的举动在此情此景中是正当的、无可厚非的和合理的，这样一来，对方的尴尬解除了，正常的人际关系也能得以继续下去。

4. 类比敬告。即以两种事物具有的某一相似点作比，暗示警告对方言行的失当，使之明白自己的不满。需要说明的是：虽然这种技巧表达不满的语气也较明显，但它毕竟不像“直言相告”技巧方式那样带有警告的成分，所以称之为“类比敬告”。

5. 善意曲解，化干戈为玉帛。在交际活动中，交际的双方或第三者由于彼此言语之间造成误会，常常说出一些让别人感到惊讶的话语，做出一些怪异的行为举止，从而导致尴尬和难堪场面的出现。幽默是人际交往的润滑剂，一句幽默的话能使人们在笑声中相互谅解，心情愉悦。当遇到窘境或尴尬时，可以通过幽默的解说将其诙谐化，把搞僵的场面激活，将尴尬化解。为了缓解这种局面，可以采用故意"误会"的办法，装作不明白或故意不理睬他们言语行为的真实含义，而从善意的角度来做出有利于化解尴尬局面的解释，即对该事件加以善意的曲解，将局面朝有利缓解的方向引导转化。

6. 求同存异，强调事件的合理性。当人们因固执己见而争执不休时，局面难以缓和的原因往往是彼此的争胜情绪和较劲心理。因此我们在打圆场时可以抓住这一点，求同存异，帮助争执双方灵活地分析问题，使他们认识到彼此观点的合理性，进而停止无谓的争执。

7. 审时度势，让各方都满意。有时在某种场合中，当交际双方因彼此不满意对方的看法而争执不休时，很难说谁对谁错，作为调解者应该理解争执双方此时的心理和情绪，不要厚此薄彼，以免加深双方的差异，并对双方的优势和价值都予以肯定，在一定程度上来满足他们的自我实现心理，在这个基础上，再拿出双方都能接受的建设性意见，这样就容易为双方所接受。

8. 幽默提醒。幽默是人际关系的润滑剂，有时利用幽默表达一下对对方的不满，也不失为一种好方法。另外，对怀有恶意之人，也不必拼个鱼死网破，你只需敲响山石吓跑老虎便可及时收手。置人于死地之事最好不做，做一个可方可圆之人，方能立足于世。

9. 及时弥补失言错误

人有失足，马有失蹄，在社会交往中，说来谈去，人们都免不了失言。尽管有各种各样的原因，但失言造成的后果或贻笑大方，或纠纷四起，甚至不可收拾。

历史上和现实中许多能说会道的名人，在失言时仍死守自己的城堡，因而惨败的情形不乏其例。比如 1976 年 10 月 6 日，在美国福特总统和卡特共同参加的为总统选举而举办的第二次辩论会上，福特对《纽约时报》记者马克斯·佛朗肯关于波兰问题的质问，做了“波兰并未受苏联控制”的回答，并说“苏联强权控制东欧的事实并不存在”。这一发言在辩论会上属明显的失误，当时遭到记者立即反驳。但反驳之初佛朗肯的语气还比较委婉，试图给福特以改正的机会。他说：“问这一件事我觉得不好意思，但是您的意思难道是在肯定苏联没有把东欧化为其附庸国？也就是说，苏联没有凭军事力量压制东欧各国？”

福特如果当时明智，就应该承认自己失言并偃旗息鼓，然而他觉得身为一国总统，面对着全国的电视观众认输，绝非善策。结果付出了沉重的代价，刊登这次电视辩论会的所有专栏都纷纷对福特的失策做了报道，他们惊问：“他是真正的傻瓜呢？还是像只驴子一样的顽固不化？”卡特也乘机把这个问题再三提出，闹得天翻地覆。

其实人都难免失言。正如俗话所说“一言既出，驷马难追”，说出去的话，泼出去的水，收是收不回来了。那怎么办呢？这就需要我们及时弥补失言的错误。如是会说话，善于用妙语来弥补，那么失言的后果就大不一样了。

清代著名学者纪晓岚思维灵巧、机智过人，特别善辩，真是能把死的说成活的，即便失言，也能及时弥补，留下了许多趣谈佳话。

传说有一年夏天，天气很炎热，纪晓岚与众大臣一起修四库全书。纪晓岚很胖，又怕热，索性就把衣服、帽子全脱了，光着身子扇着凉。谁知恰在这时，乾隆帝来了。

要穿衣服见驾已然来不及了，裸身见皇帝，肯定是不行的。

纪晓岚实在没办法,就一骨碌钻到床底下躲起来了。

乾隆与众大臣打好招呼后,便问:纪晓岚哪去了?

众大臣不敢撒谎,便不敢吱声。

乾隆猜想不拘行骸的纪晓岚肯定有什么不能见他的原因了,就想看看他到底在干什么,于是做个噤声的手势,让大家不出声,他自己则悄悄地坐下来,看起书来了。

纪晓岚半天没听到动静,以为乾隆走了,一边钻出来一边大声问:老头子走了?

几个修书的大臣们都吓得失了颜色,纪晓岚一抬头,看到乾隆端坐于前,吓得呆了,乾隆看到这清代第一大才子灰头土脸、光着身子从床底下钻出来,已然忍不住想笑,不想听见纪晓岚竟然大不敬,叫他"老头子",一时也忍不住生气,大喝一声:"纪晓岚,你好大的胆子!"

纪晓岚吓得顾不上裸着身子了,急忙跪下说:"皇上,纪昀罪该万死,衣冠不整,请您降罪!"

乾隆一听,你大不敬竟呼我"老头子"才是重罪,衣冠不整算什么?于是说:"且不说衣冠不整,你直呼朕为'老头子',已是死罪!"

纪晓岚自知失言,辩解不得,幸亏他思维灵活,脑子一转,就想到了补救的法子,于是磕头道:"皇上,冤枉啊,'老头子'是尊称,只能用于陛下,我若用它称呼别人,才真是犯了死罪!"

乾隆心想,饶是你心机灵快,这失言之罪还能辩出什么花来?于是说,"你说说看,要是说不出理由,定斩不饶!"

纪晓岚说:"皇上,你且听我说来。我主万岁万万岁,可称'老'吧?"

乾隆帝点了点头。

"万岁身登龙位,富盖四海,分明是苍生之'头',能说是尾吗?"

乾隆帝听了,点点头说,"这样解释倒也可以!那'子'字何解?"

纪晓岚说:"皇帝是天子,称'子'也是尊敬呀!"

乾隆听了展颜大笑："纪爱卿言之有理，这'老头子'用来称呼朕也无不可！"

于是，纪晓岚逃了死罪，还留下一段佳话。

可见，失言不可怕，只要善于弥补。而且一定要及时发现、改口弥补，才能达到最佳效果。一般来说，有三种补救办法可供参考：

(1)移植法。就是把错话移植到他人头上。如说："这是某些人的观点，我认为正确的说法应该是……"这就把自己已出口的某个错误纠过来了。对方虽有某种感觉，但是无法认定是你说错了。

(2)引开法。迅速将错误言辞引开，避免在错中纠缠。就是接着那句话之后说："然而正确说法应是……"或者说："我刚才那句话还应作如下补充……"这样就可将错话抹掉。

(3)改义法。巧改错话的意义，当意识到自己讲了错话时，干脆重复肯定，将错就错，然后巧妙地改变错话的含义，将明显的错误变成正确的说法。

俗话说，常在河边走，哪有不湿鞋。我们天天都要说话，时时都在说话，话说多了，要保证不失言几乎是不可能的。关键在于失言了，我们是不是能够用最好的方式来补救。很多时候，只要补救得当，失言也就出不了大错。

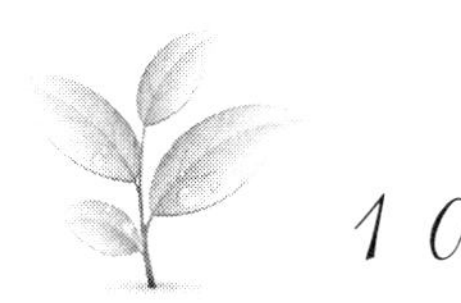

10. 不仅会说，而且会听

"说"归于知识才华范畴，而"听"才是聪明智慧特有的。倾听是使信任充分发挥其作用的润滑剂。一贯挑剔的人，甚至最剧烈的批评者，常会在一个有忍耐和痛惜心的倾听者面前软化战胜。所以，假若你希望成为一个善于说话的人,那就先做一个注重倾听的人。俗话说得好:“会说的不如会听的。”听是沟通的另一半。注重倾听和善于倾听的人,才是深得人心者。

倾听是一门艺术。倾听的诀窍就是在对方说话时专心致志地倾听。当别人滔滔不绝地畅谈时,正是你获取信息最多的时分。即使很平常的言辞也包含了林林总总的贵重信息,哪怕是一个小故事,里面也蕴含着智慧道理。在作业上取得成功的超卓人士都是善于倾听别人定见的。因为他们懂得注重倾听的重要意义和作用。耐心倾听对方的叙说,就等于告诉对方“你讲到的作业很有价值”,“和你在一起真高兴”,“你是我值得结交的兄弟”,“我们有许多共同点”,“我们是可以一起干点事的”等。这能使对方的自傲得到极大的满足,逐渐地,两个人的心灵逐渐靠近,不管我们想要做什么,都必然会打开方便之门了。

美国汽车推销之王乔·吉拉德曾有一次深刻的体验。一次,某位名人来向他买车,他推荐了一种最好的车型给他。那人对车很满意,并掏出10000美元现钞,眼看就要成交了,对方却突然变卦而去。

乔为此事懊恼了一下午,百思不得其解。到了晚上11点他忍不住打电话给那人:“您好!我是乔·吉拉德,今天下午我曾经向您介绍一部新车,眼看您就要买下,却突然走了?”

“喂,你知道现在是什么时候吗?”

“非常抱歉,我知道现在已经是晚上11点钟了,但是我检讨了一下午,实在想不出自己错在哪里了,因此特地打电话向您讨教。”

“真的吗?”

“肺腑之言。”

“很好!你用心在听我说话吗?”

“非常用心。”

“可是今天下午你根本没有用心听我说话。就在签字之前,我提到我的吉米即将进入密执安大学念医科,我还提到他的学科成绩、运动能力以及他将来的抱负,我以他为荣,但是你毫无反应。”

乔不记得对方曾说过这些事，因为他当时根本没有注意。乔认为已经谈妥那笔生意了，他不但无心听对方说什么，反而在听办公室内另一位推销员讲笑话。这就是乔失败的原因：他只顾推销他的产品，却忽略了用心去聆听顾客的心声。

在职场上，倾听是对别人最好的尊敬。专心地听别人讲话，是你所能给予别人最有效，也是最好的赞美。不管说话者是上司、下属、亲人或者朋友，或者是其他人，倾听的功效都是同样的。人们总是更关注自己的问题和兴趣，同样，如果有人愿意听你谈论自己，你也会马上有一种被重视的感觉。

聆听是搞好人际关系的需要。不重视、不善于倾听就是不重视、不善于交流，就是轻视别人，这样怎么会得到别人的真心呢？不管你的口才有多好、你的话有多精彩，也要注意听听别人说些什么，要善于与别人的话语对答呼应。不能只顾自己说，而对于别人的话语无动于衷或是爱理不睬。

听话就要认真听，认真才能体现出你对别人的尊重、对别人的重视，才能体现出别人的重要。所以，听别人讲话时，不要目光游离、心不在焉，给人一种轻视谈话者的感觉，让对方觉得你对他不满意，不愿再听下去，这样肯定会妨碍正常有效的交流。当然，所谓注意听也不是死盯着讲话者，而是适当地注视和有所表示。

当你卓有成效地使用聆听的技巧时，你就向他们传递了你对他们感兴趣的信息。这或许就是你能给予对方最珍贵的礼物了——你所聆听的对象受到了你的鼓励，不仅意识到了自己的重要性，而且还接受了自己的情感。

要记住，说者和听者是推动社交成功的不可分割的两个部分，缺一不可。假如你希望成为一个善于交谈的人，那就应当先成为一个专心的听众。

当然，会“听”，绝不仅仅只是“听”。要会听，就还要会听话语中的“弦外之音”，听言语中的“言下之意”。

有一个笑话，说某位特别不会说话的人请客，见有些客人迟迟没来，就说："该来的怎么还没来。"已经来了的人一听，这言外之意是不是在说："不该来的来了？"觉得心里很不是滋味，起身拂袖而去。请客者又说："不该走的却走了。"其他没走的人一听，咦，这不是说我们这些"该走的还没走？"于是，其他的人也都忿忿地走了。请客的只能对着一屋的空桌子，傻笑。

这请客的本是有口无心，不会说话，但听话的太会"听"了，这些"弦外之音""言外之意"全他们听走了！

当然这是人们误解了。但实际上，在职场上确实有很多弦外之音需要我们听出来，听明白，听透彻，才能真正理解其中隐含的深意，从而真正把事情做对。

比如，很多领导（老板）说话是很讲"策略"的。往往反话正说，正话反说，批评听起来像表扬。如果你不懂听是要吃亏的。比如领导说你"成绩是主要的"，其实是说你"问题不少"。领导夸你"资历最老"，潜台词是提醒你"再倚老卖老的话，看我怎么收拾你！"。同样的道理：你很专业＝你还不够全面；你很会读书＝你不太会做事；你很忠于职守＝你大局意识不强；你的政治素质不错＝你的业务能力不行；你很有原则性＝你还要增强灵活性；你很善于团结同志＝你不要拉帮结派；你一定会有远大前途＝本次提拔没有你……这些都很重要！但恰恰很多人在这方面很迟钝，听不出领导的"弦外之音"，沾沾自喜甚至顺杆子爬——这叫不识相。

领导拐个弯和你说话，有可能是出于善意的——保护你的自尊心和积极性，也有可能是本来和你就有距离或者隔阂。这就是为什么经常挨批评的员工，反而提拔得更快的原因。在职场，领导直截了当地批评你是表示信任你，对你有期待。但是要记住"君子不二过"，如果领导为同样的错误重复批评你，那就不是好事了。

说话是一门艺术，听话则是一种能力。同样的话换个说法，效果迥异。如某单位办公室主任派车："你今天去省里送报表，顺便把调查组的几位同志带回去！"这说明单位对这个调查组的人不怎么重视，也不太欢迎；如果他换过来说："你今天专程把调查组的几位同志送回去，顺便去省里送个报表！"这言下之意就大不相同了。所以，会听话的人，才能真正理解话里的话，懂得话外之话，才能进退自如，左右逢源，从而处处随心，事事顺利。

第四章

会交际：得心应手，广树人脉

好员工绝不仅仅只会工作，他们不管在什么方面都出类拔萃，超然卓越。所谓“世事洞明皆学问，人情练达即文章”，优秀的员工也总是那些会交际、懂关系，善于经营圈子，广泛搭建人脉的人。他们懂得交际的重要性，懂得人脉的大作用，因而他们最善于察言观色，迎来送往，善于搭建关系。他们敬上谦下，左右逢源，八面玲珑，一团和气。与上司、与下属、与同事、与客户都能亲密合作，协同共进，不管是对上司、对下属、对客户都能做到深浅得当，进退自如，从而使自己在职场得心应手、如鱼得水。

1.

善于察言观色，洞察他人心理

善交际的人，往往懂得察言观色，都是察言观色的高手。所谓“出门观天色，进门看脸色”，他们不仅明白别人不同的脸色后面的心情，更明白别人不同举止背后的隐情，他们最会洞察别人的内心，因而也最能准确地了解别人的内心，使他们在交际场合从不出错，该行则行，当止则止，行止自如，进退适宜，因而往往能成为最受欢迎的人。

所谓“脸色”，其实就是人的情绪的外露，是心情或心境的外在表现形式，从人的“脸色”中可以窥察出人的内心感情、欲望等，其内容之丰富往往胜过语言表达的千万倍。不同的脸色代表不同的情绪，也就有不同的意思，一个聪明的员工就要善于去分辩、去理解，才能真正洞察他人的心理，从内心深处看透别人，从而使自己能根据不同的人来制定不同的交往规则，得心应手地与任何人打交道。

人们常说：“不打勤的不打懒的，专打不长眼的。”这话说得实在有道理。因为，人生在世有很多忌讳，如果你在无意之中触犯了别人的忌讳，就会在无形之中得罪对方。所以我们说，无论是说话还是办事，一定要眼观六路，耳听八方，千万不说人家不愿意听的话。

清代的康熙皇帝，青年时励精图治，做过不少大事。但到了晚年，由于年纪，却产生了一个怪脾气——忌讳人家说老。如果有谁说老，他轻则不高兴，重则要让对方触霉头。所以，左右的臣子们都知道他这个心理，一般情况下都尽量地回避说老。

有一次，康熙率领一群皇妃去湖中垂钓，不一会儿，渔竿一动，他连忙举起钓竿，只见钩上钓着一只老鳖，心中好不喜欢。谁知刚刚拉出水面，只听“扑通”一声鳖却脱钩掉到水里又跑掉了。康熙长吁短叹连叫可惜，在康熙身旁陪同的皇后连忙安慰说：“看样子这是只老鳖，老得没牙了，所以衔不住钩子了。”

话没落地，旁边另一个年轻的妃子却忍不住大笑起来，而且一边笑一边不住地拿眼睛看着康熙。康熙见了不由得龙颜大怒，他认为皇后是言者无心，而那妃子则是笑者有意，是含沙射影，笑他没有牙齿，老而无用了。于是将那妃子打入冷宫，终生不得复出。

生活中，人没有眼色是个大问题。因为你并不知道自己什么时候就把别人给得罪了。

所谓“出门观天色，进门看脸色”，观天色，可推知阴晴雨雪，携带行具，以免受日晒雨淋。看脸色，便可知其情绪。要学会从别人的脸色来洞察别人的心理，才能一切尽在自己的掌握之中，才能出入无碍，进退随心，纵横职场，畅行无阻。

比如，上司老给你“脸色”看的时候，最好研究一下自己干错什么了，自己哪里不注意了；下属的“脸色”也要看，如果下属脸上“如沐春风”，那开展工作就顺利了，而如果下属脸上“阴风密布”，那就别跟下属说加班、减薪之类的事，否则引起公愤，做上司的也不好受。而去求人办事的时候，如果主人一面跟你说话，一面眼往别处看，同时有人在小声讲话，这表明刚才你的来访打断了什么重要的事，主人心里惦记着这件事，虽然他在接待你，却是心不在焉。这时你最明智的方法是打住，丢下一个最重要的请求，然后告辞：“您一定很忙。我就不打扰了，过两天我再来听回音！”你走了，主人心里对你既有感激，也有内疚：“因为自己的事，没好好接待人家。”这样，他会努力完成你的托付，以此来补报。

朋友突然见到你，勉强挤出笑容算是打招呼的时候，你如果善于看脸色，就可能看出朋友可能刚好有什么烦恼或痛苦，试着引导他向你倾诉，或许能帮朋友解决问题。不然，朋友可能碍于面子不好意思说出来。能帮朋友解决困难是件令人开心的事，特别是这种不是朋友开口而是通过自己观察发现的更让人觉得有成就感，这就是会看脸色的好处。

如果你想在职场生存，这是你一场必备的技能，就像你吃饭喝水一样重要，会察言观色的人，将会把每件事情都处理得妥妥当当，在让你的领导和同事都满意的情况下，同时也让领导和同事都因为你的理解、懂事而对你更加心存好感，也给自己加了分，何乐而不为呢？

学会察言观色不是让你阿谀奉承。在职场，每个人都讨厌那种见风使舵，墙头草一般的人，学会察言观色不是让你阿谀奉承，而是在合适的时候，说合适的话，自己真实的想法的话，而不是为了迎合某个人的想法，而专门和其保持一致的发声。

学会察言观色是要你在合适的时机做合适的事。让你学会看一个人的心情、情绪，还有习惯，在合适的时候做合适的事，老板心情不好时说高兴的事，老板心情好时说些不太好的事，同一件事情，在处理的时机和策略上，都是需要进行思考的。比如，在老板心情不好的时候，你去找老板谈费用报销的事，本来老板心情就不好，你这一去老板一看到这花钱的事情，本来是正常的流程，费用额度也没超限，但就是因为你选的不是时候，老板可能大手一挥，再回去仔细核对一下，本来可以办成的事，因为老板心情不好而办不成。

学会察言观色是长期积累的职场经验。针对不同的人，也许一开始接触的时候，你看到的是假象，对于刚刚进入职场的人，也许是不太会察言观色，特别是有一些人，当老板或领导心情不好的时候，你却还在那里大谈特谈，眉飞色舞，以为对方是在认真听你演讲，其实心里却烦得不得了，你却感觉不出来。随着接触形形色色人的增多，这种情况会一点点减少，并随着你职场阅历的增加，你的察言观色的功力不断增强，当你最后可以一接触就知道这个人是个什么样的人，看一眼就能知道他心情好、心情不好的时候，你的功力就到了炉火纯青的地步了，那时，你再处理起什么事情来就可以得心应手了，到那时，你在别人的眼中不但是个工作能力出色，又是一个特别会理解人、善解人意、什么事情都处理得滴水不漏的人了。

在职场，每一天都有意想不到的事情发生，每一个人，都会有心情不好、情绪不高、心烦意乱的时候，其实，在这种时候，每一个都渴望别人的理解、尊重，甚至支持，不但领导需要，你的同事更需要，如果你这样做了，必定能得到他们的信任和感激，你与他们的关系也必然能更进一步，更加紧密。所以，多学会察言观色，学会洞察他人的心理，才能使自己人脉广树，人缘良好，朋友众多，网络繁复，使自己处处抢得先机，事事快人一步，成为职场最大赢家。

2. 多为对方着想

心理学家认为，人际交往的一条重要原则就是为对方着想。在生活中，若遇到只为自己的利益着想的人，我们会认为这个人自私，自然就会很少与其来往。相反，遇到的是一个能为他人着想的人，我们常常会敬佩其为人，也很乐意与他来往。所以，优秀的员工都懂得，多为对方着想，其实是人际交往顺利的一个重要原则。

成功大师卡耐基是一个人际交往的高手，他对不同的人采取不同的方式，但都是投其所好，为对方着想。卡耐基认为，世界上唯一能够影响对方的方法就是时刻关心对方的需要，并且还要想方设法满足对方的这种需要。他说："每年夏天，我都去钓鱼。以我自己来说，我喜欢吃杨梅和奶油，可是我看出由于若干特殊的理由，鱼更爱吃小虫。所以当去钓鱼的时候，我不想我所要的，而想鱼儿所需要的。我不以杨梅或奶油作为钓饵，而是在鱼钩上扣上一条小虫或是一只蚱蜢，放下水里，向鱼儿说：你喜欢吃吗？"

这的确是经验之谈，是智慧的总结。有些人总是想着自己，不顾别人的死活，不管对方的感受，心目中只有"我"，这是不可能拥有完美交际的。只有为对方着想，才能让对方心甘情愿地跟随你的脚步，成为你人际网络上的一员。

有一次,爱默逊和他的儿子,要把一头小牛赶进牛棚里去,可是父子俩都犯了一个常识性的错误,他们只想到自己所需要的,没有想到那头小牛所需要的。爱默逊在后面推,儿子在前面拉。可是那头小牛也跟他们父子一样,也只想自己所想要的,所以挺起大腿,拒绝离开草地。

这种情形被旁边的一个爱尔兰女佣看到了。这个女佣不会写书,也不会文章,可是至少在这次,她懂得牲口的感受和习性,她想到这头小牛所需要的……只见这个女佣人把自己的拇指放进小牛的嘴里,让小牛吮吸拇指,然后带着小牛慢慢走进了牛棚。女佣使用很温和的方法把这头倔强的小牛引进了牛棚里。

亨利·福特说:“如果你想拥有一个永远成功的秘诀,那么这个秘诀就肯定是如何站在对方的立场上考虑问题——为对方着想,才能真正打动对方。”

20世纪40年代中期,商人休斯制作了一部电影《被剥夺权利者》。电影主演是珍·拉塞尔,一位漂亮的女郎。这个电影可能已经被人忘记了,但是电影的广告牌也许还记得,拉塞尔仰卧在空中的一堆干草上。那时候休斯迷上了拉塞尔,以至于跟她签订了一个一年一百万美元的雇佣合同。

12个月之后,拉塞尔来要钱了,这合理合法。但实际上,休斯却根本没有赚到钱,而且资金周转也有问题。

休斯请求她等一等,或是用不动产抵押,但女明星的立场是她不听这些辩词,她只要她的钱。双方的争执看来是没法和解的,原先的亲密关系变成了胜败的斗争关系。外界谣传说,只有通过法律程序来解决了。

但最终,拉塞尔退了一步,她对休斯说,“啊,你我是不同的人,有不同的奋斗目标,让我们看看我们能不能在互相信任的气氛下分享信息、感觉和需要呢?我有个建议,或许你可以考虑一下。”

最后把原来的合同改为每年付 5 万，分 20 年付清，合同上的金额不变，但时间变了。结果休斯解决了资金周转困难，并获得本金的利息；而拉塞尔则减少了所得税的付出，并且有了 20 年稳定的年金收入，她就不必为以后的财务问题操心了。

其实很多时候，多为对方着想，其实也是在替自己着想，自己也会从中得到好。那么，为什么我们不能多站在对方的角度，多为对方着想呢？这样不仅会让我们的人际关系更融洽，还会得到意想不到的好处，何乐而不为。

能否“替别人着想”，经常体体现在日常生活的细微之处。马路上有一块石头，肯替别人着想就会随手将它拿到一边，免得行人被绊，或汽车碰到时伤人。进出玻璃弹簧门，在推门之后，看看后面有无人跟进，如有，则挡一挡门，免得后来人被撞。坐电梯时，挡住门，等等后上的人……这些都是举手之劳的小事，但往往从这事能看出你是否肯替别人着想，能看出你的人缘的好坏。明朝的吕坤把“肯替别人着想”视为“第一等学问”，因为你总是这样做的话，你的朋友圈必然会越来越大，你的人脉也一定会越来越广。

3．积极参与同事间的应酬

礼尚往来是中国人相互交往的“圣经”。西汉·戴圣《礼记·曲礼上》：“礼尚往来。往而不来，非礼也；来而不往，亦非礼也。”有来有往，才是有礼。所以，同事间的应酬是必要的也是必需的，不要认为无所谓，做好职场应酬，也是一个人具有好人脉的佳途。礼节上应该有来有往，别人怎样对你友好，你也得以同样的态度或做法回答对方，这样才能将人际关系处到最好。

提到“应酬”这个词，总让人觉得是应付别人，虚情假意。白天忙碌一天之后，已经疲惫不堪，下了班还要跟同事联络感情，让人觉得好像还在加班。但换个角度想，如果能在严肃的工作场合之外，跟同事轻松交换心得，也不失为一种收获。因为在职场之外的应酬，是增进感情的一种方式。

在日常生活中，同事之间有许多事情需要应酬：张三结婚、李四生日、王五得了贵子、马六新升了职务，这些事要躲当然也能躲开。但会交际的人，常常会伸长耳朵来打听这些事，帮人凑份子、送礼请客，皆大欢喜。为什么？因为他把日常生活中的应酬看作一门人情练达的学问，也是他搭建人脉的捷径。不通此道的人，在同事间的人缘肯定乏善可陈。

方刚已经在公司工作三年了，一直很得老板重用，平时总是加班，连同事的聚会他也很少参加。长期的繁忙，拉远了他与同事间的距离。渐渐地，隔膜产生了。同事开始把他与老板归于一伙，对他有一种莫名的戒备。

一天早上，方刚一打开电脑，就收到一封邮件。邮件是一页动画，讽刺他和老板的关系。

方刚非常愤怒，当时就拍案而起。看着周围的同事窃笑的表情，他一整天都心神不宁。第二天，各种流言蜚语就传开了。方刚听在耳里，几个晚上都合不上眼。他在想，为什么他会遇到这样的事情？终于，他想明白了。

于是，上班时，方刚开始主动向每个同事问好，同他们一起吃午饭、聊天，而且有意地推掉一些加班任务，参加同事的聚会。不久，那些流言蜚语就烟消云散了。

职场中，也许有很多人像方刚一样，不太愿意加入同事的应酬中，认为这么做是在浪费时间，对实际的工作也没什么太大的帮助。其实，同间的应酬，把同事吸引到自己身边是应酬的目的，但首先要使自己“被吸引”到同事们那里去。你认为有些同事可能不怎么重要，但说不定何时他们对你却关系重大。只有争取同事的拥戴、赞同，赢得人心，才是平日应酬的最大成功。要知道一个篱笆三个桩，一个好汉也少不了三个帮。

不过，既然是应酬，就要遵循常规的应酬礼仪，把握一定的分寸，懂得做客的学问，免得落个乘兴而去，败兴而归，太不拘小节，让主人反感，充当了一个不受欢迎的客人。

(1) 不做“不速之客”。去同事家“串门子”，首先要选择适当的时机。探访前要先和被访的同事约好时间，了解他是否在家、是否方便打扰，免得对方有急事无暇接待，双方都感到冷淡。拜访同事最好避开吃饭时间和午睡时间。回来时不要过晚，以免影响同事及其家人休息。

(2)应酬要守时。“浪费别人的时间等于谋财害命”，拜访同事要严守时间。如果不能准时赴约，要提前打电话通知，即使责任不在自己，也要道歉。

(3)分清座次。在同事家做客，受欢迎的人绝不会大大咧咧地径直坐到席上，而是主人力邀之后才“恭敬不如从命”。等人时，不要左顾右盼。主人奉茶之后，先搁下来，在谈话之间慢慢品尝最为礼貌。

(4)要适当回请同事。同事应酬中没有永远的主人，也没有永远的客人。做个懂礼之客固然重要，做个得体待客的主人同样十分要紧。得知同事将要来访，应提前“洒扫门庭，以迎嘉宾”，并准备好茶具和烟具。客人进门后，要热情迎接并请上座。如果客人远道而来，要问问是否用过餐。

(5)适当馈赠礼物。在应酬的功夫里，送礼物当然是必修的基础课。送礼物给同事，是八小时之外建立感情、推进关系的桥梁。比如，同事家有婚嫁喜事，根据关系的远近亲疏送上一份合适的贺礼，既添了喜庆，又买了人缘。同事生病，及时前去探望，时间不宜过长，送些鲜花、果篮、营养品等，既安抚了病人，又表达了关心。同事帮了你的忙，事后不忘认真地选一份礼物，亲自登门送上，既还了人情，又不致失礼。这种情况，送礼时要留意轻重之分，一般情况意思到了就行，千万不要买过于贵重的礼品。

总之，同事之间的应酬，掌握适当的度最为重要。“有所为有所不为”是同事间应酬的准则。至于这其中的微妙之处，只能靠你自己在实践中慢慢摸索了。

4. 和有矛盾的同事也要和睦相处

与同事有点小摩擦、小隔阂、小矛盾，是很正常的事。这个时候，你所要做的就是要站在对方的立场考虑，如果你的同事平时就是大家所公认的“刺头”那你所要做的就是公归公、私归私、对事不对人，只有当你要做的事情和他挂钩的时候才去和他碰头，平时的话就能不接触就尽量不要接触。矛盾发生的时候，一般是双方都有各自认为是对的理由才会发生的，所以平时要多反省自己，多站在对方的立场想想，自己先退一步，这样，矛盾发生的情况就很少了。哪怕在工作中是他的错，你们有了矛盾后，事后去和他认个错，说你也有错，你会发现，他的回答也应该是和你道歉的，你们依然还是可以和睦相处的。

俗话说得好，“牙齿和舌头还有打架的时候”，天天在一起、朝夕相处的同事，怎么可能一点矛盾没有？只是要记住，同事间的矛盾大多都是小矛盾，没有必要一定要斤斤计较、死扛到底，打死不低头，闹一次矛盾就老死不相往来。这样的人，只会让人觉得心胸狭窄，气量狭小，不值得交，而绝不会认为你有骨气、有节操。同事之间，哪有什么深仇大恨？哪有什么过不去的坎？互相宽容一点，相逢一笑，一切就都过去了，大家还是同事，还得一起共事，还得为着共同的目标而努力奋斗。

不过要记住，千万不要把这种“小不快”演变成“大对立”，甚至成为“一山容不了二虎”的敌对关系。“小不快”很容易解决和抹掉，但在产生“大对立”以后，想要再弥合，就会难得多。所以，要学会还在“小不快”时就及时修补，弥合关系，和睦相处。

要减少同事间的矛盾，化解同事间的矛盾，促进同事间的和睦，与每一个同事都能和睦相处，要注意把握以下几点：

(1)宽容大度。不管同事怎样冒犯你，或者你们之间产生什么矛盾，总之“得饶人处且饶人”，多一事，不如少一事。

若要真正获得同事的尊敬与爱护，你要注意自己的表现，切勿盛气凌人，恃宠生娇，做出令人憎恶的事情。

(2)关心别人的成就。关心同事的成绩，是化敌为友的纽带。对别人的行动和成就表示真正的关心，是一种表达尊重与欣赏的方式。如果同事喜欢夸耀一下自己与工作无关的成就，你就表示关切与祝贺，就会赢得他的好感。

(3)善于合作。你要学会与每一个人融洽相处，表现出你的随和与合作精神。面对同事的时候，不要忘记你的笑容与热忱的招呼，要多与对方眼神接触，在适当的时机赞美一下他们的长处。假如你不得不对某位同事的工作表现予以批评，你的措词也要十分小心。先把对方的优点说出来，令他对你产生好感后，他才会接受你的建议，还会视你如他的知己。

即便和同事有了矛盾，你能真诚、坦荡地与他合作，他也会感受到你的大度，也会乐意与你相处，矛盾就会在合作中悄悄化解掉。

(4)让同事知道你“倚重”他。每个人都希望自己很有“分量”，适时地表达对方在你心目中的“分量”，抬高他的地位，满足他的自尊，就可以避免一些矛盾激化，尽可能减少或消除将来的敌对怨恨。

(5)对同事的意见很“在意”。当同事对你很郑重地表达某种意见时，听完之后，不妨扼要重复他的观点，表明你很“在意”他提出的观点。还可在以后的工作中在相关的问题上提及他的意见，表明你对他很尊重、很重、重视、很肯定、很支持、很赞赏、很钦佩。

(6)肯认错。同事指出你的错误，一定要很感激地致谢，并以“良药苦口”、“当面纠错是最大的爱护”来恭维人家。而且，积极认错往往能够让对方很快闭上嘴巴，以免他“越说越来劲”。

(7)永远保持一定距离，做到彼此既不感到疏远，也不感到太近。

(8)不要向同事亮出自己的“底牌”。让同事摸不到你的底细，有利于保持自己的神秘感。

(9)工作不要太靠前，也不要太靠后。既要让同事知道你有较强的工作能力，又不在同事面前出风头，尽可能不引起同事的忌妒，让同事忽略：你是他最有力的竞争对手。

(10)工作严谨，生活检点，不要在工作和生活上给同事留下“小辫子”，免得同事向上爬时拉你的“辫子”或踩你的肩膀，导致一些矛盾发生。

(11)紧睁眼,慢张口。看清了事情的本质再说话,而且涉及事非短长和对领导或同事评头论足的话不要说,免得被同事利用,或以此制造谗言,破坏你与领导或其他同事的关系。

(12)在同事中要切记:只要不得罪同事,就可以获得一定的人缘,不要刻意讨好某位同事,要尽可能用人格的力量多争取人缘,有了人缘,能获得日后晋升的群众基础。

(13)尽可能多地帮助同事分忧解难。真心的帮助,也能换来真心的感激,必然以磨合你们之间的那些小隔阂,祛除小矛盾,促进同事间的和睦共事、友好相处。

5. 与上司相处的技巧

在职场,身为下属,如果不能与上司保持友好合作关系,只会给自己带来不好的后果。在公司中,必须要维护上司指挥下属,下属服从上司的制度。如果不注意这一点,不但会给自己和上司造成麻烦,也会使公司的业务得不到顺利开展。

小王是一家洗衣机配件公司的一名主管。2007 年 4 月 25 日,临近“五一”长假的时候,公司接到一张订单。按照订单的要求,该公司需要在 10 天内为客户出货。时间紧、任务重,更麻烦的是,在此期间还有“五一”的 7 天假期。为了完成生产任务,公司领导研究决定,劳动节期间不休息,加班加点完成订单。

然而,由于距离“五一”长假只有几天时间了,多数人早已为自己的假期做好了安排。小王也不例外,他早已和女朋友约好,准备假期一起去峨眉山旅游,而且已经准备好在旅游期间向女友求婚。公司要求加班，难道这个大好机会就这样错过？小王为此很是苦恼。经过深思熟虑之后，小王还是决定留下来加班。他想，求婚可以再找机会，可是订单如果完不成，将会给公司造成很大的损失。

小王开始踏踏实实地工作了。出人意料的是，在“五一”的前一天，任务竟然提前完成。作为主管，小王功不可没。在放假的前一天晚上，小王的上司对他说：“干得不错，这个假期你可以轻松地玩了，同时公司决定，你此次旅行的费用公司全包了！”

等待小王的惊喜还不只这个。“五一”长假后不久，公司便任命小王为车间主任。

没有服从就没有一切，一个没有服从观念的下属，是很难得到上司的信任和提拔的。与上司关系的好坏，对于下属来说有很大的影响。身为下属，首先要服从上司的安排，并了解上司，知道上司的长处和短处，才能顺应他的办事风格和性格喜好。只有这样，你才有可能为自己创造良好的工作环境，才能在工作中如鱼得水，发挥才智，这才是会做人、会做事的真谛。

当然，和上司友好相处，仅仅是服从绝对不够，还要善于摸透上司的性格，善于在上司面前表现自己，甚至成为上司的知心朋友，那你的前途一定光明。所以，下面这些与上司相处的小诀窍，不妨记在心里。

(1)多赞扬、欣赏上司。赞扬不等于奉承，欣赏不等于谄媚。赞扬与欣赏上司的某个特点，意味着肯定这个特点。只要是长处，对集体有利，你可以坦率地表现你的赞美之情。领导也是人，也需要从别人的评价中了解自己的价值。受到美赞时，他的自尊心会得到满足并对称赞者产生好感，如果得知下属在背后称赞自己，还会加倍喜欢称赞者。下属喜欢上司，上司自然也喜欢下属，这是交际吸引中相悦作用的结果。

(2)多提建议，少谈意见。在职场中，有这么两种人，一种是什么都看不惯，总喜欢提意见，而另一种人虽然也不满意现状，但是他的做法更为可取，他提改善建议。意见是把问题抛给领导，而建议是提出自己某方面的改善方法或思路，在被人接受上会更好一些。善于提出自己的建议，其实也是间接地显示了你的能力。

提建议的方式要因人而异。对领导个人的工作提建议时，尽可能谨慎一些，必须仔细研究上司的特点，研究他喜欢用什么方式接受下属的意见。大咧咧的领导可用玩笑建议法，严肃的领导可用书面建议法，自尊心强的领导可用个别建议法，喜赞扬的领导可用寓建议于褒奖之中。

(3)切忌当面顶撞上司。批评上司时，必须照顾其面子，不要令人下不了台。进谏的方式很多，如动情法，寓规劝于褒奖之中，比喻法，等等。

(4)挺身而出，勇于担责。常言道："疾风知劲草，烈火见真金。"敢于挺身而出、担当责任的下属当然是令上司欣慰的。当某项工作陷入困境时，你若能挺身而出定会让上司格外器重你。当上司本人在思想、感情或生活上出现问题时，你若能妙语劝慰，也会令其格外感激。此时，切忌冷漠无助，畏首畏尾，胆怯懦弱。这样，上司便会认为你是一个无知无识、无情无能的平庸之辈。

上司在工作中出现失误，千万不要幸灾乐祸或冷眼旁观，这会令他极为寒心。能分担责任就分担责任，不能分担责任可帮他分析原因，为其开脱。此外，还要帮助他总结教训，多加劝慰。指责、嘲讽的态度更易把关系搞僵。那样，你就再不要指望上司赏识你了。

(4)多让功，不争功。中国人在讲自己的成绩时，往往会先说一段客套词：成绩的取得，是领导和同志们帮助的结果。这种套话虽然乏味得很，却有很大的妙用，显得你谦虚谨慎，从而减少他人的忌恨。越是好东西，越是舍不得给别人，这是人之常情。要是你有远大抱负，就不要斤斤计较眼前成绩的取得究竟你占有多少份，而应大大方方地把功劳分给你身边的人，特别是分给你的上司。这样，做了一件事，你感到喜悦，上司脸上也光彩，少不了再给你更多的机会。如果你只会打眼前算盘，急功近利，争功抢功，则会得罪身边的人，上司也会认为你是一个功利心重的人，那将来一定会吃亏。

(5)少发牢骚，少打报告。不要在私下发领导的牢骚。须知"隔墙有耳"，打小报告的人正在寻找材料好去告密，你的议论为他的拍马屁正好提供了时机。倘若把你的话添枝加叶，传到上司的耳朵里，你辛勤工作的成绩，可能会因几句牢骚话而抵消殆尽。

(6)多沟通，多汇报。有些人总认为上司不好惹，只要不发生事情我都不愿意找他，有时候看到上司来了还要假装很忙从另一边走掉，反正就是不爱跟上司打交道，对上司敬而远之。这是很不好的。现代职场，沟通非常重要，作为下属，应当主动积极地和上司沟通，多汇报，多请示，才能表现出对上司的尊敬，也才能有更多的机会展示自己，获得上司的肯定。

6. 与下属相处的秘诀

对待下属，自然与对待上司不同。作为上司，只有和下属搞好关系，赢得他的拥戴，才能调动起他的积极性，从而促使他尽心尽力地工作。会做人的员工，不仅能与上司和睦相处，也是团队的好领导，下属的好上司。俗话说“将心比心”，你想要别人怎样对待自己，那么自己就要先那样对待别人，只有先付出爱和真情，才能收到一呼百应的效果。所以对待下属，不仅要命令，还要体贴，下属有成绩要真诚地为他们喝彩，有过错要为他们承担，要信任他们，关心他们，才能得到他们真心的拥护和支持。

每个员工都希望自己的工作被肯定，受到上司的认可。当下属呈上的是最好的工作作品，而你却视而不见时，很容易会让他产生自卑感，觉得何必这么辛苦工作，何必要求自己做这么多、这么完美。工作品质就会因此而渐渐下降。慢慢地，他的工作表现必定也会变差。毫无疑问，任何人都是需要激励的，需要被别人承认的。因此，当一个下属费尽心机干完一件事后，你至少对他说句：“嘿，干得不错。”这样，下属的心一定会与你贴得更近。

李明远是某公司经理，时常到各工作场所巡视。一旦发现工作出色，或者在动脑筋设计新方案的下属，就在全体员工集会时，当众加以赞扬。

数年后，这个公司的一位退休人员说：“几年前，我曾为公司设计出一种新产品，得到了李经理的赞赏。当他开会提到这件事时，我很吃惊，也很感动，觉得自己所付出的辛苦是值得的。多年来，我默默为公司所做的努力，终于以这种形式得到承认，我感到非常满足。而且，在退休欢送会时，李经理又再度提起这件事，我禁不住流下眼泪。”

为部下喝彩，可以激起下属对工作的投入和热情，产生事半功倍的效果。在上司的夸奖中，下属有一种受重用的感觉。的确，在现代社会，要想让员工尽心竭力为公司服务，金钱奖励是一种办法，但收服人心、善于表扬，常会收到意想不到的效果。

俗话说，能力越强，责任越大。你的能力强，才能升到高职位，升到高职位，自然责任就更大了。至少在你管理的部门内的任何问题你都有不可推卸的责任，而绝不是“有功自己揽，有过往下推”，这样的上司是绝难得到拥护和支持的，而且这样做只会使自己陷入困境，也让上司对你失望，下属对你寒心。

马成飞跳槽到一家公司后很受器重，不久即任销售部经理，销售部有三十多个人，马成飞刚上任，一些新的制度都还没能完全落实。不想手下的销售代表小刘就被客户投诉私吞回扣。公司财务部的调查也证实了这一点，而且发现回扣单上居然有马成飞的签名。但马成飞确实不知道这事，也就没有向老板汇报。没想到老板很生气，亲自到销售部问马成飞：“你手下的销售代表私吞客户的回扣，你作为负责人怎么能袖手旁观呢？”

“我也知道了这件事。”马成飞说，“按照流程，小刘是把回扣单报到助理小肖那里，她审查并整理好后再给我签字。我那段时间又忙，可能当时没看清楚。我会改进工作流程，并要求公司处理小刘和小肖。”老板生气地反问他：“处理销售代表和助理能挽回公司的损失吗？这件事应该负全责的是你！”

经此一事，老板对他的信任大大降低，而小肖则认为自己帮着签署文件是马成飞同意的，作为上司，居然把责任全推在自己身上，觉得跟着这样的上司实在没意思，选择了辞职，更可怕的是,销售部的员工听说了这件事以后,都对他疏远了。马成飞做什么都磕磕碰碰,总是不顺利。年终时,销售部的业绩下滑厉害,马成飞不得不选择了辞职。

下属对上司的评价,往往取决于他是否有责任感。下属在工作中出现失误时,上司要勇于负责,多分析自己方面的原因,而不是争功诿过,把责任推给下属。下属犯错,这本身就说明上司没有尽到责任。一个好上司,会主,承担下属的过错所导致的责任。如果他一味推卸责任,就无法获得下属的信任与支持。所以一个会做人的上司,一定不会把责任推给下属,而是主动为下属揽过,承担责任,这样才能得到上司的信任和下属的理解、支持。

7. 与客户相处的学问

客户可以说是我们业绩的全部来源,是企业中最为重要的公共关系,关乎企业的生存和发展。因此,掌握与客户之间的相处艺术是每个员都必须掌握的一门学问,也是会交际的员工必须掌握的能力之一。

与客户相处,更需要做人的智慧。在现在这样的一个信奉“顾客就是上帝”的商业社会,与客户的友好相处自然无比重要。那要怎样做才能既让客户满意,又让自己高兴呢?下面的小诀窍不妨作个参考:

(1)一定要识时务。尽量少去客户所在的单位里谈事情,即使迫不得已要去,也得是正儿八经,声音响亮地谈公事,让大家都听见;一切“潜规则”之类的细节绝不允许在客户所在单位里谈,只要出现过一次这种事,客户便会对你非常反感。

(2)礼貌第一。不管你是 40 岁还是 50 岁,而客户只有 20 多岁,一律要以尊敬的称呼来喊客户，具体怎么喊每个单位不同，不要在跟客户还不熟的情况下直呼其名或者看人家年纪小就叫对方小张、小刘之类的称呼，这样的通常情况是客户根本不会理你。

(3)保证质量。不管是做什么生意，首先得保证质量，对于国企、政府单位或者有实力的外企来说，价格相对来说不是问题，关键是质量得好，绝不能有糊弄的心理。不能让客户承担任何有可能的风险，如果客户会因为买你的货而感受到风险的话，就算你给客户 100 万，客户也不敢收，更不会进你的东西。

(4)坦诚相对。任何时候都务必跟客户说实话，不要把客户当傻子，客户既然能负责采购，接触的肯定不只你一个供应商，你这个东西成本是多少钱，你就说多少钱(适当往上稍微提一点点，客户也能理解)，然后客户爱以什么价格采购就以什么价格采购，中间的差价由客户来定，这个不是你们供应商操心的事，客户最厌恶那些在谈价格时说什么“低了多少钱，我连本都赚不回来”之类的话，大家都不是傻子，一般负责采购的人对这一行都是非常了解的，你要是想蒙骗客户，说上面类似的话，客户便连理都懒得理你。

(5)该保密的务必保密。不管在任何时候，对任何客户，保密都是必需的。嘴巴一定要紧，切不可把与客户之间的事——哪怕并不私密——说给别人听，除非是有利于客户的好事。懂得保密的人，总是能赢得更多的信任。

(6)和客户成为朋友。这个是最高境界，跟客户成为真正的朋友，这需要长时间的积累和交往，这点也是最难的，想让客户完全相信你，跟你成为真正的朋友，这几乎不可能，但是，只要你保持真诚，并且和客户性味相投，成为朋友也理所当然。

职场就是一个小社会，人员纷繁，关系复杂，身处这个纷繁复杂的圈子里，你要面对和相处的人不是一个两个。老板、上司、下属、同事、客户……他们总会以各种各样的面孔出现在你面前。只有善于与他们打交道，才能让你的职场之路越走越顺。如果不能与他们建立良好的关系，即便你再会工作，工作能力再强，也难以有所成就。所以，会做人，其实和能力一样重要。只有把上上下下、左左右右的关系打点好了，你的工作才会顺利，才会取得自己想要的成绩。

8. 不该交的朋友及早断绝往来

断绝与朋友的交往是一件十分痛苦的事情，可是对于某些人来说，藕断丝连必受其害，当断不断必遭其乱。当你通过交往，对这一实际情况有一个清晰的把握之后，就应该长痛不如短痛，收起你的菩萨心肠，在友情的大道上来一个急刹车。心理学家认为，应尽量断绝与下列朋友的往来，珍惜你的时间、精力和金钱，去做你应该做和你想做的更重要的事情。

(1)靠不住的朋友应断交。交朋友时应注意两厢情愿，不要强求。朋友有多种，但友情是互相的，即你的付出应有相应的回报，朋友之间应互爱互重，互谅互信。有些朋友在短期内似乎与你关系不错，但时间一长便发现他靠不住，在这种情况下应当机立断，与之断交。

(2)志不同道不合即分手。真正的朋友，需有共同的理想和抱负、共同的奋斗目标，这是两人结交的基础，如果两人在这些方面相差极大，志不同道不合，是很难有相同话题的，人的兴趣也必然不同，这样两人在交往时只能互相容忍，无法互相欣赏，因此容易造成分手。

(3)俗友不深交。朋友之间的谈话多涉及兴趣、爱好、志向及对某一事的看法。如果朋友只跟你谈物质利益、谈钱，则可将之归于“俗友”之列。“俗友”对你虽无大害，但长期交往下去，一则浪费你的时间，二则难免使你变“俗”，因此不宜深交。况且这种“俗友”一般很现实，当你处于危难之时他不会对你伸出援救之手支持你、帮助你，对这种朋友，仅做一般应付即可。

(4)做事不择手段的人不可交。亲情、爱情都是人之常情，如果一个人的行为显示出他在人之常情中处事的态度十分恶劣，那么这种人是不能交往的。这种人往往极端自私，为达目的不择手段，并惯于过河拆桥、落井下石，因此这种人不可交。

(5)势利小人不屑交。如果某人是非常势利、见利忘义的那种小人，绝不可把这种人作为生活中的朋友。

例如有个企业，A 当总经理时，一位高层职员经常到 A 家里坐，对他奉承一番，外带一批上好礼物；而当 A 下台，B 当上总经理时，这位职员马上到 B 家里送礼，并数落 A 的不是，将 B 捧为最英明的领导。

这位职员就是势利小人的典型代表。势利小人的一个通病是：在你得势时，他锦上添花；当你失势时，他落井下石。他不懂得什么是真诚，他只知道什么是权势。因此，这种人绝不能交往。

(6)酒肉朋友不可交。酒肉朋友当你能给他实惠，他们看上去与你的感情很好，但当你真正需要他们帮助时，他们会一点表示都没有。

(7)两面三刀的人不能交。有的人惯于表面一套，背后一套，对这样的人应该小心对待，更别说跟他交朋友了。《红楼梦》里的王熙凤，被人称为“明里一盆火，暗里一把刀”，表面上对尤二姐客套亲切，背地里却置之于死地，与这样的人交往时，应多注意他周围的人对他的反映，与这样的人在短期交往中很难发现这种性格特征，但接触时间长了便会清楚明白的。这种两面派是千万不能结交为朋友的，不然他会令你大吃苦头。

第五章

会展示:形象良好,如鱼得水

一个人言行得当,举止得体,仪表整洁,形象良好,自然能得到领导的赏识,同事的欢迎和客户的信任,他的工作自然也能轻轻松松,顺心遂意,职场之路也必然能走得顺风顺水,一路畅通!所以,优秀的员工是最懂得展示的重要也最会展示自己最优秀形象的员工。

1. 善于向他人展示自己最好的一面

低调和谦虚是中国传统的美德。中国人认为，要想高人一筹，必先低人一等，因为世间万事万物皆起之于低，成之于低，低是高的发端与缘起。不先低下去，如何能高起来？只有懂得谦逊为人、低调处事的人，才会得意时不张扬卖弄、失意时不苟且猥琐，任何时候都有做人的风骨，所以才受到传统道德的一致好评。

但是在现代职场，一味地低调和谦虚、一味地藏锋敛芒、不知道展示自己，显然是不合时宜的。因为现代职场竞争激烈，而且是标准的“眼球时代”，不会展示自己的员工，很有可能永远没有机会。就像韩愈写的《马说》中的千里马一样，只能“骈死于槽枥之间”，即便能“日行千里，夜行八百”，也一无用处，遗憾终生。所以，现代员工要谦虚，要低调，但也要懂得展示自己，当仁不让，主动表现自己的能力。这其实在古代就有了这样的思想。

《论语·卫灵公》：“当仁，不让于师。”孔子是告诉他的弟子们，如果一个人承担了“仁”的事，就要勇往直前地去做，不可有半点的谦让之心。即使老师在面也不必同他谦让（当仁，不让于师）。

《孟子·公孙丑下》：“如欲平治天下，当今之世，舍我其谁也？”意思是如果想要平治天下，当今世界上，除了我还有哪一个？

《佛经》里载：地藏千菩萨经常去地狱去超度那些罪恶的亡

灵，劝导他们来世做个好人。但地狱是何等黑暗无比，他的弟子就劝他不要去了，所以他对弟子们说："我不入地狱，谁入地狱？"

以上三句话都是当仁不让不必谦虚的说辞。中国人讲究谦虚，但这种谦虚不是没有原则的，做人做事很多时候不能一味地谦虚退让，要敢于担当，遇有该做的事，绝不退让。职场更是这样，谦虚是必要的，但谦虚并不是退让，遇到让自己可以大展抱负的时候，也应当当仁不让地抓住机会，并且还要善于去抓住机会、把握住机会，才能真正实现自己的抱负，让自己实现梦想。

从单调地每天数飞机票的机场售票员到一名证券公司的经纪人，胡立阳的生活发生了翻天覆地的变化。在别人看来，喜欢在上班时间聊天是胡立阳的缺点，而在证券公司一看来却是一个不错的优点，因为爱聊天。说明此人沟通能力不错，否则引不起别人说话的欲望。

然而仅有聊天是不行的，胡立阳还得每天根据各种股票的走势画出 K 线图，还得每天向自己的客户提供各只股票的分析，还得帮助自己的客户规避可能出现的风险。也许是天生对股市的敏锐，胡立阳代理的客户都在股市里面捞到了金钱，于是胡立阳在华尔街的名气越来越响，有客户把他称为"华尔街神童"。胡立阳不用为手上没有客户发愁，也不再需要每天打 500 个电话寻找客户，在找自己做经纪人的客户要排队，但找自己的人越多，胡立阳就越觉得生活不公平，那些在业务上一点也不比自己强的美国同事，一个个都得到了升职，而自己在证券公司这么多年了，却还没有一次升职的机会。

胡立阳渴望升职，一是要证明自己干得不差，另一个原因是胡立阳已经不满足证券经纪人这个位置了，他渴望在更大的舞台上施展自己的才华。可惜升职的机会却一直没有出现过。胡立阳想来想去，决定主动出击，让那些掌握自己升职命运的人了解自己。一天，胡立阳随手打开电视机，电视里周润发正面对主持人说起自己刚出道在无线做艺人的一段往事。周润发说，那个时候为了在公司老板面前混个脸熟，自己每天都站在电梯间的出口，只要一看见老板从电梯间出来，就马上满脸笑容地迎上去说一句“你好！”就这样周润发迎来了事业的转机，受到了公司老板的关注。看到这里，胡立阳忽然心头一亮，觉得自己的升职机会也许就在电梯间。

为了计算出自己大概能够和老板待在电梯里多少秒钟，胡立阳掐着手表在电梯里上上下下好几个来回，最后的结果是38秒钟。胡立阳决定好好地抓住这8秒钟，可惜命运却像是和胡立阳开玩笑，一个月过去了，他还没有等来和老板同乘电梯的机会。

正在胡立阳要失去耐心的时候，机会却出现了。一个早上，胡立阳和老板一同走进了电梯间，电梯间的门刚一合上，胡立阳就掏出自己的名片，双手递给老板说：“很荣幸能有机会认识你，这是我的名片。”可是老板却连正眼也没有瞧他，冷冷地一摇手，拒绝了胡立阳的名片。

怎么办？胡立阳一瞧手中的表，只有18秒钟了，胡立阳忽然又有了新的主意，他用手拍了拍老板的肩膀，故作轻松地说：“你是新来的吧，难怪你不需要我的名片，你要知道我是被人称为‘华尔街神童’的胡立阳，你拥有了我的名片，你就等于拥有了财富，我也很愿意帮助你拥有财富。”也许是胡立阳的这句话打动了老板，老板接过胡立阳的名片，看了看说：“谢谢，我会记住找你的。”没过多久，胡立阳就升职了，而且成了美国华尔街美林证券的第一位华人副总裁兼分公司总经理。

今天的胡立阳早已被人称为“台湾的股市之父”、“亚洲股市的传教士”，他向股民传授的股票投资学，成为股民的投资指南，但股民们更热衷于听胡立阳讲如何抓住机会的技巧。因为一个能够在18秒钟抓住机会、改变命运的人，绝对是一个能力强大而且善于抓住机会的机灵人。

学会展示自己，抓住适当的机会，好好地展示自己，这正是许多优秀员工之所以职场顺畅的重要秘诀。所以，要学会适时展示自己最好的一面，才能得到更多的机会。因而要学会在各种不同的场合、不同的情况下“表现”自己，把握自我表现的分寸，掂轻重，识深浅，知进退，这样才有机会脱颖而出。

(1)充分利用公司的会议，让上司和其他同事注意你。一定要事先计划好你想说的和你要达到的目的，列出可能遇到的疑问和对策。开会时不要坐在会议室的角落里，要大声清晰地说出你的意见，善于用眼神进行交流。

(2)主动亮出你的成绩。许多男人做一点工作就大张旗鼓地让每个人知道，你也不该默默无闻。同事可以为你开门，但在工作评估时，他们绝不想让你走在前面。

(3)不要期盼在工作中结交朋友。工作仅仅是完善自我的一部分。把交友这一项从工作目标中划掉。当然，如果能遇到知己是你额外的运气。

(4)坦然面对变化。培养良好的心理素质，从日常工作和生活中锻炼自己，好的机会和坏的事情也许就发生在五分钟以后。如果你平时就有所准备，你的镇静对策会让老板和同事刮目相看。

(5)敢于冒险。经验是一位老师，教导你之前先给了你考试，但患得患失只能令你停滞不前。成功者多数是敢于把想法变成行动的人。

(6)明白自己的优势。如果项目中的主要人员或是关键人员不是向你汇报，而且你并未得到足够的授权，就不必自告奋勇地站出来。因此，一个人应该正确估计自己的实力，充分意识到自己的个人技能。当你做完这些后，你也许再也不会认为自己“仅仅是个会计或秘书”。通过了解自己的优势，就可以更加有的放矢地表现自己，从而使自己更明白你可以骄傲地去完成哪些事情，提高恰当展示自己的自信心。当你有机会展示自己的时候，就会很好地把自己最好的一面展示出来，而不至于埋没了自己的能力。

一位曾经留学美国的长者讲过这样的一个真实的故事。他说他初到美国的时候，发现美国的大学生每次上课前总要先拿一张硬纸，再用颜色鲜艳的笔在其上面郑重其事地写上自己的名字，然后对折一下，让这张硬纸站立在桌面显眼的位置上。他对此疑惑不解，就问坐在旁边的美国学生。美国学生告诉他，给他们讲课的教授一般都是知识渊博、地位很高的社会名流，而这对他们来说就意味着机会——因为在讲课时，教授会不时地叫学生回答问题。让写有自己名字的硬纸站立在桌面显眼位置，这就意味着自己将会有多次被教授提问而展示自己才华的可能，从而在毕业时获得被教授推荐到著名公司当职员的机会。而他在后来也确曾多次耳闻目睹过，教授推荐上课能充分展示自己才华的学生到著名公司当职员的事情。

这个故事中被教授推荐的那些美国学生是幸运的，而这幸运正是由于他们在课堂上充分地展示了自己才华的结果，要不然，他们绝对不会有这样的机会。看来，"展示自己就是给自己机会"这句话一点都不假！

人是多面性的，最好的一面展示其实跟自己本身的修养有很大关系，包括外貌、姿态、言行、举止、礼仪、形、能力、口才、魅力……各个方面。无论哪一方面，只要你能很好地展示出你的特别或是卓越，机会就会青睐你。

2. 打造完美形象，好形象和能力一样重要

形象是什么？简单地说，形象就是一个人在别人心目中留下的印象。包括一个人的仪表风度、言行举止、性格特征、知识层次、人格品德以及日常习惯等各个方面在别人心目中留下的印象。

很显然，要想在别人的心目中留下良好的印象，首先必须保证自己有一个良好的形象，包括一个人的相貌、仪表、穿着、行为、举止、表情、姿态、谈吐以及礼仪、风度和气质等。

形象对人到底有多重要？我们可以先看一个故事：

《史记·仲尼弟子列传》载，孔子有一个学生叫澹台灭明，字子羽，“状貌甚恶”，相貌体态都很丑陋，孔子见他这个模样，认为他资质低下，不会成才，对他很不看好。后来虽然勉强收他为弟子，也并不很重视。但是澹台灭明勤奋努力，学成归去后，修身养性，践行孔子学说，处事光明正大，不搞歪门邪道。后来，他四处游历，跟随他的弟子有三百人之多。各诸侯国都传诵着他的大名，声誉鹊起，兴盛一时。孔子这时才知道当年自己对澹台灭明的态度有失公允，发出了“以貌取人，失之子羽”的感慨。

其实这也不怪孔子，“趋美心理”是人类的共性。人们在心理上总是会对美好的事物要宽容、喜爱和容易接纳得多。可见，“以貌取人”绝不是孔圣人所犯的错误，而是人本性中的弱点。不管怎样认为“以貌取人”如何肤浅、如何不该甚至如何愚蠢，几乎所有的人——包括我们自己——还是会情不自禁地用形象去区别人、分辨人、对待人。不论对任何人，我们都会从见到的第一眼就开始对他做出种种判断，几秒钟内就会给他下一个是喜欢他还是讨厌他的定论。凭“形象”把人和人区分开来，也把我们对待他们的态度区分开来。可以说在很大程度上，我们的一切其实是由我们的形象决定的，你有什么样的形象，极有可能就决定你有什么样的成就和什么样的地位。

过去企业招人，老板多看重的是学历和能力，而现代社会中，职业形象已经成为老板更加看重的东西。因为从一个人的形象往往可以看出其生活态度、生活质量和个人素质、道德情操等，由此可以推测出其对事业的态度。因而，对于形象的重视程度是相当高的。

在武汉国际会展中心的招聘会上，看见一些应聘者棉衣、羽绒服加球鞋、棉鞋的装束，部分招聘负责人直摇头，湖北美利丰化肥有限公司的负责人王先生就是其一。该公司派出的招聘负责人全部西装革履，然而前来应聘的并没有几个人的穿着让他们“赏心悦目”。王先生说：“招聘会虽然只投递简历和问些简单的问题，但第一印象尤其重要，穿着正装会让人觉得你尊重招聘者，这会给应聘者加分不少。”

索尼公司（无锡）人力资源部的余小姐也告诉记者，穿着正装能给人留下态度认真的第一印象，就像女性“化妆”一样，既是尊重他人，也是尊重自己。某知名化妆品公司一位专业形象顾问到华中科技大学做客讲座时，曾经这样说：“如果你穿错了衣服，没有人会告诉你；如果你不懂搭配，没有人会告诉你。但是，人人都会看在眼里，记在心里，这些小节正在诋毁着你。”

随着社会的发展，形象越来越直接地影响着一个人的前途和未来。你着装这个无声的符号，可以轻松地传达出你所在的职业、行业信息、职业化程度、受教育程度等信息。职场不是争奇斗艳的舞会，“人靠衣服马靠鞍”的前提是只有你穿得对，在符合公司和职业特点的基础上，才能穿出你的独特的个人风采。得体的职业形象不能只靠外包装，它是每个人语言、表情、行为、环境、习惯等综合因素的体现，只有平时注重自身有多方面知识储备和能力积蓄，才能做到随时随地的气质独特、卓尔不群。所以作为一个职业人，一定要注意自己的形象，要明白良好的职业形象其实和你的能力一样重要。

职业形象，是指职场中个人在公众面前树立的印象。它是通过衣着打扮、言谈举止、外貌形象所反映出个人的专业态度、技术和技能等。一个人的外在的表现，不仅是外界观察你的渠道，也是你借此向外界传达有关自己的内在信息的途径。你的世界观、你的工作态度和生活态度、你的心胸气度、你的人际和谐程度、你与环境的适应度等都会通过仪表表达出来，正因为此，职业形象才至关重要。职业形象包括多种因素：外表形象、知识结构、品德修养、沟通能力，等等。

职业形象是个人职业气质的符号，是从最外在的形象表现出的一个职业人士的知识、品位、道德修养以及职业能力的方式。正因为一个人所有内在的涵养都会通过外在的形象展示无遗，因而，职业形象就是一个职员给人的最直接的印象，是精明干练还是细心谨慎，是绵里藏针或是外强中干都可以从职业形象中窥见，所以职业形象对职业命运就有着至关重要的决定性作用。

如果说现代职场是一个以貌取人的时代，可能有很多人表示反对，但是，如果说一个人的职业形象会影响到他的职业生涯，估计有很多人都会举手赞成的。老板也许并不会以貌取人，但他绝对会以形象取人，因为你的形象代表了你的内在的潜质和气韵。

一名硕士毕业生接到了一家大型公司的面试通知，通知他星期日上午九点到公司所在地参加面试，并接受有关专业知识方面的考核。

这名硕士毕业生很是兴奋，因为这家公司是世界五百强公司里面最有实力的，能获得到这样公司工作的机会，简直太幸运了。

星期六的晚上，他的心里异常激动，原来的基础就好，这几天又这么努力，自己的专业知识肯定没问题，可是，每当他想到自己要和几十个和自己一样优秀的人才竞争，他的心里就十分不安。于是，他晚上翻来覆去也睡不着，爬起来又对过去的知识作了温习。最后，他觉得没什么问题了才和衣而睡。

也许是太疲劳了，第二天等醒来后已经快到面试时间了，他匆匆忙忙从床上爬起来，潦草地洗漱一番，衣服也来不及换就赶往面试地点。

等他到达的时候，正轮到他去面试。他深呼吸了一下，然后镇定地走进面试的房间。在面试的时候，有一个人和他一起。他们被问及专业知识的时候，回答得都很正确。可是，结果出来后，公司只录用了和他一起面试的那个小伙子。他心里感到很不平衡，于是就找到主考官问明缘由。

主考官说："你们两个人的专业知识不相上下，但是你的仪表不符合我们公司用人的标准。你的西服的纽扣系错了，领带也没有系好，你的头发又长又乱，更重要的是你的精神状态很不好。我们公司是一家大企业，也是一家讲究科学工作方式的企业，容不得一丝的马虎和不注重仪表的行为。"

这是典型的形象胜过能力的例子。有时候，能力固然重要，但能力的体现所需要的时间很长，不是一朝一夕就能发现的，而仪表却能给人最直观的印象，因此招聘者往往从个人的言谈举止和外貌着装等方面进行综合考察。如果你的仪表的某个细节不符合主考官的意愿和要求，那么面试成功的概率就很小了。

这似乎让许多没有经过求职考验的上一代人有些不可理解，但现代职场确实如此，职业形象已经成为决定职业命运的重要因素，不管男员工、女员工，形象都至关重要。所以，打造完美的形象至关重要。完美的形象内涵丰富，不仅有我们常规理解的外表、穿着、谈吐等外在形象，更有内在的如知识、气质、品德、性格等形象。真正优秀的员工往往是从外到内都非常出色的人。因而要成为一个优秀的员工，我们就要学会从外向内的形象修炼。

外在的形象，也许很多人认为很肤浅，但往往最重要，切不可忽视。因此，追求完整的仪容美，自身的作用很大：先天(外貌)不足的，可以后天弥补(修饰)；外在不足的，可以内在弥补(加强修养)。

(1)头发：①勤于梳洗。做好头发的日常护理，遇到重要应酬，应事先理发、洗发。

②长短适中。取决性别因素，兼顾身高、年龄、职业因素。

③发型得体。与个人的发质、脸型、身高、胖瘦、年龄、着装、佩饰、性格相协调，与自己的职业、身份、工作环境相适应。

④美化自然。运用染、烫、吹等方法进行美化，应以自然为本，不宜留有过重的雕琢痕迹。

(2)面容。要勤于洗脸，保持干净清爽。眉、眼、口、牙、鼻、耳等部位，除了保持清洁，也可适当修饰。没有特殊宗教信仰、民族习惯和特殊身份，最好不要蓄须。

(3)手臂。手掌保持卫生、健康、美观，做到勤洗涤、常修剪，不要以脏手、病手与他人握手、接触。在正式场合，肩臂(尤其是肩部)不应裸露在外，女士腋毛外露更是大忌。

(4)腿脚。正式场合中，腿脚禁忌裸露。穿短裤、光脚穿鞋都是不应该的。女士穿裙子，不许光着大腿不穿袜子，更不许光着的大腿暴露于裙子之外。

(5)保持微笑。常言道，伸手不打笑脸人，总是把美丽的笑容挂在脸上，就算是再冷漠的人肯定都会被你融化！微笑和礼貌是友善之相。更何况“礼多人不怪”，所以在与人接触时，时刻记得把“请、谢谢、对不起”挂在嘴边，也会为你的外在形象加分不少。

(6)眼神会说话。在与人接触时，我们通常会透过对方的眼睛读到一些信息，包括真假善恶等动机或意图等，总能从眼神当中传递出来。因此说话时一定要注意自己的眼神，不要让人产生不正经或虚假的感觉，否则无论怎样用语言表达，也回天无力。

除了外表形象，作为职场人士，个人的职业形象对于工作的顺利开展也相当重要，打造完美的职业形象是获得职场成功的重要途径。

职业形象需要塑造，但是千万不要以为职业形象只是发型、衣着等外表的东西，现代意义的形象是包括仪容(外貌)、仪表(服饰、职业气质)以及仪态(言谈举止)、行为规范、专业形象等方面，其中最为讲究的是形象与职业、地位的匹配。一个好的职业形象，不光是把自己打扮成多么美丽、英俊，最主要的是要做到自身发型服饰、气质、言谈举止与职业、场合、地位以及性格相吻合。其中最重要的当然是要体现出你在职业领域的专业性，任何使你显得不够专业化的形象，都会让人认为你不适合你的职业。

同时，职业化形象也是你在自我思想、追求抱负、个人价值和人生观等方面与社会进行沟通并为之接受的方法。职业化形象要体现出你在该职业领域的专业性，任何使你显得不够职业化的形象，都会让人认为你不适合你的职业。如果你想事业有成，首先你得让人看起来就有能成为事业有成的人士。

完美的职业形象不仅仅是仪表、仪容、着装、行止，还有员工自身的修养和素质的体现。忠诚、敬业、负责、主动、服从、合作、创新……都是职业形象的一部分。所以，要打造自己的完美形象，仅仅是外表的修饰是远远不够的，必须由内而外全面升级才行。每一个职场中人都希望自己形象良好，受到大家的青睐，那么怎样才能修炼自己形象，打造自己的完美职场形象呢？下面提供几点建议，希望能给你带来帮助。

(1)打造自己的专业形象。职业形象要表现得专业，首先要在衣着上尽量穿得像这个行业的成功人士，宁愿保守也不能过于前卫时尚。另外最好事前了解该行业和企业的文化氛围，把握好特有的办公室色彩，谈吐和举止中要流露出与企业、职业相符合的气质；要注意衣服的整洁干净，特别要注意尺码适合；衣服的颜色要选择皮肤的中性色，注重现代感，得体大方。

(2)注意仪表和装扮恰当适宜。职业形象要达到几个标准：与个人职业气质相契合、与个人年龄相契合、与办公室风格相契合、与工作特点相契合、与行业要求相契合。个人的举止更要在标准的基础上，在不同的场合采用不同的表现方式，在个人的装扮上也要做到在展现自我的同时尊重他人，还要顺眼、协调、得体。

(3)关于交际。学会寒暄。寒暄是一种常用的交谈话语。两人一见面，简单的寒暄能满足人们的亲和需求。你可以随意谈论一下今天的天气，或赞美一下对方的衣服等。简短的话语，使双方很容易切入后面的话题。

研究证明，人们更容易记忆自己亲眼看到的动作，而对听到的声音则因情、因境、因人各有不同，所以，在说话时巧妙地使用手势，更容易给对方留下深刻的印象。手势语言，可以使所说的话给人以立体感、形象感，帮助对方理解所说内容；可以强化所要表达的感情，激起对方的共鸣；可以传达有声语言所不能很好传达的微妙感情。

交际少不了微笑。微笑是一种温馨、亲切的面部表情，能有效地缩短双方的距离，给对方留下美好的心理感受，从而形成融洽的交往氛围。面对不同的场合、不同的情况，如果能用微笑来接纳对方，可以反映出本人良好的修养。

在与人交谈时，不要紧盯着对方，这样会给人咄咄逼人的感觉；也不要不停地眨眼或不住地向其他方向看，这样会让人觉得你根本没有认真听，是没有礼貌的表现。交谈时应当自然地注视。

(4)讲究礼仪。经常使用“谢谢”、“对不起”、“请”等最基本的礼貌用语。个人魅力实际上是非权力领导力的升华，个人魅力作用在各方面都会增强非权力领导力，能把别人牢牢地吸引在自己身边。一个优秀的员工必然是一个充满魅力的人。

(5)遵守职业道德，恪守职业精神。也是一个人完美职业形象的重要方面。这些隐性的、潜藏的形象比外在的形象更能深刻地影响到你的职业生涯。所以，要打造自己的完美职业形象，切不可忘记自己的个人操守，恪守职业道德。

任何一种职业都有自己的职业道德，每个行业，都有自己的行业规则，都有自己的一种职业道德。“盗亦有道”，算得上是给职业道德下了一个最醒目的注脚——盗都有自己的职业道德，有自己的基本素质要求，遑论其他？

职业道德是职场的最高信仰，是职场的基本规范，是我们的立身之本、立业之要，更是一个职业人形象的最佳体现，千万不可以亵渎，更不可违反、不可丧失，而是要像维护生命一样来维护来奉行来坚守，不然，我们就失去了我们在职场立足的根本，更别说形象了。

良好的职业形象绝非一朝一夕就能养成，它必须经过精心的策划和长期的磨炼。当今时代是一个张扬个性、丰富多彩的时代，个人形象的设计不但要根据行业统一标准的基础而定，也要协调自我的喜好、兴趣。灵活掌握外在形象设计和内在涵养的修炼是人生的重要一课。经过精心的修炼，相信每一个人都会有一个良好的职业形象。

3．对人谦敬有礼，彬彬有礼才能受人欢迎

要展示自己的良好职业形象，周到的职场礼仪是重要的一点。职场礼仪，是指人们在职业场所中应当遵循的一系列礼仪规范。包括礼貌、礼节、规矩。可以理解为由于良好的教养或有关权威的规定在社交或正式场合遵守的规矩，对一定等级和场合要求遵守的礼节，传统的礼貌。

成功的职业生涯并不意味着你要才华横溢，更重要的是在工作中你要有一定的职场技巧，用一种恰当合理的方式与人沟通和交流，这样你才能在职场中赢得别人的尊重，才能在职场中获胜。如果失礼，必然对你的职场生涯有所影响，而且即使以后弥补也很难。听听一位公司财务经理讲的心里话你就明白了。

我们公司的场地构造有点特殊，进门的玄关旁边有一个座位，因为我是财务经理，不用和他们项目组的同事坐在一起，所以玄关旁边的位子就是我的座位。我们前几个月新来了一个大学毕业生，每次进门首先看见我，招呼不打一声头也不点一个不说，还直瞪瞪看了我一眼就走进去了，我怀疑他可能以为我只是相当于前台的阿姨，所以如此不屑。后来过了几天，大概他终于搞清楚我并非什么接接电话、收收快递的阿姨，而是掌管他每个月工资的“财政大臣”，猛地一天就殷勤起来，一进门“刘老师”叫得响亮。可是，我心里的感受却不一样了，即使他现在对我再怎么尊敬，毕竟是有原因的，我对他也生不出什么好感来。我就很纳闷怎么堂堂一个大学生刚进社会就学会了势利？如果我真的是前台阿姨，是不是他这辈子都不打算跟我打招呼？新人刚进职场，礼貌很关键，人际关系一定要妥善处理，不能以貌取人或者想当然，要记得地位低下的员工同样也是前辈或者长辈，哪怕是打扫卫生的阿姨，如果正好清理到自己的纸篓什么的，请不要忘记说一声“谢谢”，就会平添自己很多的亲和力和人缘。刚刚毕业的大学生真的是要好好树立自己在公司的第一印象，这可不是闹着玩的。

在职场，礼仪是人际关系和谐发展的调节器，人们在交往时按礼仪规范去做，有助于加强人们之间互相尊重、建立友好合作的关系，缓和和避免不必要的矛盾和冲突。一般来说，人们受到尊重、礼遇、赞同和帮助就会产生吸引心理，形成友谊关系；反之会产生敌对、抵触、反感，甚至憎恶的心理。不要认为同事间朝夕相处，不用礼仪，更不能忽视了客户间的必要礼仪，这样都会给工作带来不必要的影响。

礼仪是企业获得市场形象，得到更多资源支持的一种态度。礼仪是帮助企业和企业中的个体对市场产生影响力的最有效的资源。每位企业员工都是企业形象的代表，员工的职场形象与职场礼仪直接影响到企业的形象，良好的职场礼仪不仅是个人最好的名片，还有可能是企业发展的契机。

日本的著名企业家松下幸之助从前不修边幅，企业也不注重形象，因此企业发展缓慢。一天，理发时，理发师不客气地批评他不注重仪表，说："你是公司的代表，却这样不注重衣冠，别人会怎么想，连人都这样邋遢，他的公司会好吗？"从此松下幸之助一改过去的习惯，开始注意自己在公众面前的仪表仪态，生意也随之兴旺起来，现在，松下电器的种类产品享誉天下，这与松下幸之助长期率先垂范，要求员工懂礼貌、讲礼节是分不开的。

现代社会中，职场礼仪的重要性将日益凸显，它除了可体现个人的综合素质和修养，在全球化商务竞争中，也将成为企业形象的一部分而日益受到重视。东西方文明在文化上虽然存在着差异性，但是在现代职场，特别是外资企业中，对职场礼仪已经基本形成了一种共同的认识和行为规范，所以学习正规的职场礼仪是进入社会工作时要走好的一步。

礼仪具有很强的凝聚情感的作用。礼仪的重要功能是对人际关系的调解。在现代职场，人们的相互关系错综复杂，在平静中会突然发生冲突，甚至采取极端行为。礼仪有利于促使冲突各方保持冷静，缓解已经激化的矛盾。如果人们都能够自觉主动地遵守礼仪规范，按照礼仪规范约束自己，就容易使人际间感情得以沟通，建立起相互尊重、彼此信任、友好合作的关系，进而有利于各种事业的发展。

礼仪是企业形象、文化、员工修养素质的综合体现，只有符合应有的礼仪才能为企业在形象塑造、文化表达上提升到一个满意的地位，也为自己创造更多成功的机会。优秀的员工比谁都明白这样的道理。

一位先生要雇一个没带任何介绍信的小伙子到他的办公室做事，先生的朋友挺奇怪。先生说："其实，他带来了不止一封介绍信。你看，他在进门前先蹭掉脚上的泥土，进门后又先脱帽，随手关上了门，这说明他很懂礼貌，做事很仔细；当看到那位残疾老人时，他立即起身让座，这表明他心地善良，知道体贴别人；那本书是我故意放在地上的，所有的应试者都不屑一顾，只有他俯身捡起，放在桌上；当我和他交谈时，我发现他衣着整洁，头发梳得整整齐齐，指甲修得干干净净，谈吐温文尔雅，思维十分敏捷。怎么，难道你不认为这些小节是极好的介绍信吗？”

的确，俗话说“窥一斑而见全豹”，从细微小事里最能见出一个人的素质和水平，所以，身在职场，千万别以为形象只是个人问题，这可是关系到前途和发展的大事，不可忽视。端庄正派、得体大方的礼仪形象就是行走职场的最好名片、最好的介绍信，在哪里都能顺风顺水，一路好运，在哪里都能受到老板的看重。我们看那些表现优秀、成绩卓越的员工，往往都是礼仪周全、形象良好的人。

4. 拥有良好修养，行为举止不跌份

举止是指人的动作和表情。日常生活中人的一举手一投足，一颦一笑，都可概括为举止。

举止是一种不说话的“语言”，能在很大程度上反映一个人的素质、受教育的程度及能够被别人信任的程度。行为举止体现着一个人的修养和风度，在职场中的行为举止粗俗，会使一个人失去亲和力，而稳重大方则会受到人们的普遍欢迎。在社会交往中，一个人的行为既体现了他的道德修养、文化水平，又能表现出他与别人交往是否有诚意，更关系到一个人形象的塑造，甚至会影响国家民族的形象。冰冷生硬、懒散懈怠、矫揉造作的行为，无疑有损于良好的形象。相反，从容潇洒的动作，给人以清新明快的感觉；端庄含蓄的行为，给人以深沉稳健的印象；坦率的微笑，则使人赏心悦目。因此，我们在交往中应该使自己成为举止优雅、行为大方的人。这样不仅使自己的形象大大提升，也会使老板对你的印象和评价大为不同,老板也会给你更多的处理企业事务的机会。

如果一个员工,就算相貌堂堂,着装优雅,但却举止粗鲁,肯定让人大倒胃口的,如果这样的员工去谈生意,肯定没有好结果。不仅生意可能因此而谈不成,被客户瞧不起,老板也会觉得你让他“跌份儿”,从此不想再带你出去,也不会再给你处理公司大事情的机会,那你的职业生涯也就前途不大了。听听一家跨国公司项目主管郝先生的肺腑之言就会明白这样的道理。

> 我带的那个小伙子过了三个月试用期后,我们基本对他还是挺满意的。之后正逢一个挺大的项目紧跟而来,公司里人手有点紧,于是我想不如让他锻炼锻炼,见见大客户,也好上手快一点。虽然这一举动有点冒险,但通过几个月的观察考核,我当时还是相信他可以做好的。没想到,一顿饭的工夫,我就发现这次让这小伙跟我真是冒失之举了。平时看他挺注意形象的,每天来上班干干净净,做事情稳稳妥妥,遇到紧急关头也没有气急败坏,可是关键时刻却失了足。那天去见重要客户,上了一家很高级的餐厅,其实是我们经常去的地方,但是对于他来说可能是第一次经历这样高级的场所。大家点的都是牛排之类的西餐,我猜想他大概也没接受过什么正规的西餐礼仪的培训,饭桌上除了使用刀叉很笨拙之外,吃相也越来越难看。本身和客户吃饭,主要目的是为了联络感情、拉拢生意,又不是真让你去大饱口福的。后来,不知道是不是他吃相的关系,客户给我们下的订单少了将近30%。尽管不能一棒子打死说是他的原因,但是这样的手下带出去真的叫人在一旁擦汗啊。无论如何,在进入社会之前职场礼仪还是多多少少应该了解一下的。

一个男职员尚且因为难看的吃相而让客户对公司的信心大减,如果是一个对举止礼仪要求更高的女性职员,那估计客户可能会连饭也吃不下去了,生意肯定也会损失了。所以,不管是男员工、女员工,对于举止这一课也不能有小觑之意。如果心里还没有底,就赶快学习吧。

在职场中的行为举止具体来说,以下几点值得注意:

在职场中要动有动态。走动时应当身体直立,两眼平视前方,两腿有节奏地交替向前迈步,并大致走在一条等宽的直线上。两臂在身体两侧自然摆动,摆动幅度不要过大。脚步声应控制,不要两脚擦地拖行。如果走路时身体有前俯、后仰或左右摇晃的习惯,或者两个脚尖同时向里侧或外侧呈八字形走步,是不规范、不雅观的举止。

在职场中要"站有站相"。站立时身形应当正直,头、颈、身躯和双腿应与地面垂直,两肩相平,两臂和手在身体两侧身然下垂,两眼平视正前方,嘴自然闭合:双脚对齐,脚尖分开的距离以不超过一脚为宜,如果叉得太开是不雅观的。不应把手插在裤袋里或交叉在胸前。

在职场中要"坐有坐相"。坐姿要端正。坐在主考人员指定的座位上,不要挪动已经安排好的椅子的位置。在身后没有任何依靠时上身应正直稍向前倾(这样既可发声响亮、中气足,令人觉得你有朝气,又可表现出你对主考人感兴趣、尊敬),头平正,目光平视;两膝并拢,两臂贴身自然下垂,两手随意放在自己腿上,两脚自然着地。背后有依靠时,也不能随意地把头向后仰靠,显得很懒散的样子。就座以后,不能两边摇晃,或者一条腿放在另一条腿上。双腿要自然并拢,不宜把腿分得很开,女性尤宜注意。

在职场中"手势宜少不宜多"。多余的手势,会给人留下装腔作势、缺乏涵养的感觉。反复摆弄自己的手指,要么活动关节,要么捻响,要么攥着拳头,或是手指动来动去,往往会给人一种无聊的感觉,让人难以接受。在交际活动时,有些手势会让人反感,严重影响形象。比如当众搔头皮、掏耳朵、抠鼻子、咬指甲、手指在桌上乱写乱画等。

在职场中要避免一些不必要的小动作。身体各部分的小动作往往令主考人分心,甚至令其反感。下面这些动作都是要不得的:玩弄衣带、发辫、打火机、香烟盒、笔、纸片、手帕等分散注意力的物品,玩手指头,抠指甲,抓头发,挠头皮,抠鼻孔,跷起二郎腿乱抖,用脚敲踏地面,双手托下巴,说话时用手掩着口,摇摆小腿、摆弄手指等。不要与他人拉手,勾肩搭背,不要以任何借口奔跑、跳跃。因工作需要必须超越他人时,要礼貌致敬,说声"对不起"。尽量靠右走,不走中间,与上司宾客相遇时,要点头敬礼示意。

5.衣着不凡，穿着打扮彰显品位

得体的穿着，不仅可以显得更加神采飞扬，还可以体现出一个现代文明人良好的修养和独到的品位。一个优秀的员工，绝不可能不注意自己的穿着品位。

职场人不凡的衣着品位不是标新立异，更不是追赶时尚，而是穿着打扮要适合自己的职业身份，在不同的场合要搭配不同的服装，这才是最重要的。

上班时穿着服饰一定要得体。得体的服饰能给人以良好的印象，让别人对自己产生好感，这样就能为自己事业成功开个好头。试想一个不讲究穿着，缺乏品位的人，怎么可能会给上司留下好的印象而得到他的认同呢？因此，如果你想工作顺心如意，就一定要从穿着服饰做起。优雅得体的穿着服饰，是职场成功的良好开端。穿着得体能给人以良好的印象，引起别人的好感。

李娟是位热情活泼的女孩，在工作中卖力肯干，但她在公司里的发展却总不尽如人意，她感觉自己不管是为人处世还是工作能力都并不逊于其他的女同事，却不知为何迟迟得不到上司的认可，她觉得非常委屈，便向好友张茜透露了心事，张茜沉吟了一下说："那这样吧，明天我到你们办公室里去找你。"

这天上午，张茜来到李娟办公室，那是个宽敞明亮的大写字间，里面大约有几十个人，都在忙碌着，电话铃声、打印机声此起彼伏，间杂着职员们小声的议论声，一切显得井然有序。窗户边一个靓丽身影吸引了张茜的注意力，只见她侧坐在工作椅里，以手托腮若有所思。

她上身穿着时尚的真丝衬衫，下身穿着大花大朵的海滩裙，若走在街上，这倒是非常时髦而俏丽的，但在这紧张的工作间里却显得那样的格格不入……张茜暗暗摇了摇头。这时，那位女职员转过脸来，原来是李娟。脸上靓丽的彩妆，使得整个人好像夏日的玫瑰一样艳丽夺目。李娟高兴地拉她在会客室坐下，急不可待地说："你终于来了。想出什么好点子没有？"张茜笑了："你知道吗？问题就在你这身装束上呢，刚才远远看见你，你知道我的感觉吗？""什么感觉？""就像一个大学生正在胡思乱想假日的旅游计划，只怕你上司看到也会有这种感觉。"李娟大惊："我正在为公司一项业务伤神呢，难道他会竟以为我不务正业在胡思乱想吗？""这全是由于你的穿着造成的，你看别人。"张茜指了指写字间里其他职员，"男士都穿着很整洁、颜色单一的衬衫西裤，而女士呢，都穿着颜色优雅的套裙，他们给人的感觉是精明、干练。而你却面带浓妆，身穿花枝招展的休闲服，哪像个员工，简直就是个无所事事的花瓶嘛，上司怎么会信任你，委你重任呢？而你也因此失去了升迁的机会。"李娟看一看紧张忙碌的写字间，又看看自己身上五彩斑斓的服装，真的有了不协调的感觉，她恍然大悟了。

得体的穿着是重要的，但并不是叫你标新立异、鹤立鸡群，如果那样的话，只能是像李娟一样，显得另类、离群。只要穿得整洁、自然、大方也就可以了。

服饰是一种礼仪，它与自己所扮演的社会角色和所从事的社会活动密切相关，与周围的整体形象应相协调。合适的穿着不仅是一种仪态美的表现，也是对别人的尊重。服装要穿出品位、穿出气质，不一定昂贵，但却应得体到位，穿出自己的风采，让上司赏心悦目。所以，职场人不管男女，都一定要穿出自己的风格和品位，才能赢得自己的地位和成绩。

1. 男性职员的着装技巧

男性职员着装应当牢记一些基本的原则，才不会失礼、失仪甚至损坏形象。

第一个原则：西装的着装原则。

(1)西装的面料：西装的面料要100％毛料或至少也要70％的毛料或

毛与丝的合成材料。任何化纤制品都会看起来很廉价、劣质。

(2)西装的颜色:男性的西装一般是深蓝色、灰色等深色系的色彩,表示庄重和权威感,给人以大气、可信的感觉。黑色和棕色的西装,一般不适合于新闻发言人的着装。在西方,棕色西装被认为是低品位的表现,黑色西装大多见于婚礼、葬礼或作为燕尾服。

(3)西装的花纹:男性西装只能是纯色或暗而淡的含蓄的条纹。任何大格、花呢的图案都不会让人产生良好的印象的男性西装。

(4)西装的样式:西装的样式主要有双排扣、单排扣、单排三扣、单排双扣、背后开衩、背后不开衩等样式。这些都不是太重要,可以选择当前流行的又适合自己的样式。需要注意的是,如果穿双排扣西装,所有的扣子都要扣上;而穿单排扣西装,最下面的一颗扣子要敞开。

(5)西装的尺寸:这个对于开象来说非常重要,过大、过小、过紧、过松的西装都会破坏一个新闻发言人的优秀形象。切记西装不能过长,盖住整个臀部,那就像是在晃荡一样,给人的感觉很不舒服。西裤长度要盖住脚背为佳,不能过短,如果露出小腿的位置,那是失仪的。还有的基层干部习惯于在西装口袋里放满东西,什么手机呀,钥匙啊,各种卡呀,不带手包,把裤袋里当手包用,鼓鼓囊囊的,就很不雅观了。记住西装的口袋不是用来装东西用的。

穿西装时,后领也极为重要,要防止后领处鼓着大包,一定要选择合适的、贴身的西装,才能穿出效果,穿出风采。

(6)西装的注意事项:穿正装西装时,严禁穿毛衣或者毛背心在里面。这在中国几乎是一种普遍的现象,这是非常有损正装的“正”的一种穿法,是不正确的,一定要改过来。

不久前,四川省某位基层干部上电视相亲节目“非诚勿扰”时,就是白衬衣套着一件蓝色的鸡心领背心,以这样的形象上场,遭24位女嘉宾全体灭灯,使基层干部的形象和装扮问题一度大受热议。

衬衫、领带或领结,套西装,才是正确的穿法。如果是冬天,大可以选择加厚的衬衣,千万不要在西装里面套毛衣或是毛背心。这也算得上是穿西装的一个禁忌,一定要注意。

衬衣的颜色一般以白色系或浅蓝色系为佳,记住衬衣的袖口应当比西装的袖口长两指左右,也就是说,要露出衬衣的袖口才好,记得袖扣一定要扣整齐。

(7)领带:领带是男性职员形象塑造中不容忽视的细节,因为它几乎是男性服装中颜色和款式变化空间最大、最有想象力的部分。美国形象设计师说:"领带是展现你个性的最好办法。你是保守的、花哨的、权威的、沉默的,还是严肃的,人们能迅速从你的领带中去领悟。领带是男人的概念和风格,是男人全身唯一最能表达自我的工具。"英国19世纪最著名的剧作家王尔德也寓意深刻地做出过这样的总结:"学会系好领带是男人生活中最严肃的一步。"

一条领带可以反映一个男人的品位和地位,如果搭配得不好,也可能招来非议。红色领带通常被认为是危险和警告的信号。虽然现在有很多男性系红色领带来显示自己的年轻和活力,但一般都是纯色的领带,带有花纹的领带不宜出现在正式的场合。

领带的尺寸以国际标准尺寸为佳。面料以真丝为好,棉、麻或化纤材质的领带是需要摒弃的。打好的领带下部的三角应正对着裤子皮带的中间位置,不能长过皮带的下部,也不能悬在皮带上方,这样都是不合适的。

(8)穿西装的细节:鞋子、袜子、皮带,是穿西装必不可少的配饰,如果搭配不当,无疑也会使服装的效果大打折扣,影响到形象的。

一般而言,穿名贵的西装,一定要配质量上乘的牛皮鞋,而不是猪皮皮鞋或羊皮皮鞋。更不要穿仿制的皮革鞋或其他材料制成的鞋。鞋的质量至关重要,保持皮鞋有光泽、不褶皱。鞋的颜色以黑色为上,不要穿那种翻毛、漆皮或磨砂皮的皮鞋,那些带有金属装饰物的皮鞋或船式、拉链式等怪异样式及有大花图案的皮鞋,是需要职场人坚决远离的。

记住袜子的颜色一定要和西装同色系,千万不要以白色袜子搭配深色西装,这是国际公认的最没有品位的着装方法。绝不能穿一些花袜子、红袜子以及其他彩色的袜子,不要穿多色条纹或者有图案的袜子。男人只能穿蓝色、灰色或黑色的袜子。白袜子只在运动或穿白西装时才穿。袜子的袜筒要足够长,以遮住腿毛。尼龙丝袜只会破坏形象,赶紧扔掉吧。

至于皮带,质量第一是最重要的。一般而言,一定要与西裤的色调一致,注意不要选那些花哨的、闪亮的或缀有装饰的皮带。

第二个原则:统一原则。

主要指服装类型的统一。不同类型的服装不能混穿。还应该注意服装各部分之间款式、服装与配件的统一协调。

第三个原则:三色原则。

选择正装,一般要求服装的色彩在总体上应当以少为宜,最好将其控制在三种色彩之内,也就是全身的颜色,包括外套、衬衣、服饰等不超过三种。这就是"三色原则"。但同时,新闻发言人也要避免全身上下清一色的颜色,比如全黑色或全白色、红色,它不仅不会增添你的自信和权威感,反而会让你显得过于抑郁、沉闷和乏味。所以,适当地添加一点儿装饰或点缀,让颜色不单调,也是提升形象的一个小窍门。

第四个原则:扬长避短原则。

职场着装要求规范、庄重、大方、严谨,但这并不意味着就只能选择千人一面、千篇一律的服装。在端庄大方的前提下,适当地表现自己的个性,扬长避短,对于塑造良好的形象,无疑是有益的。

比如曾任英国首相的丘吉尔,他的身高只有一米六,但作为二战"三巨头"之一,从来没有人感觉到他的矮小,反倒深为他强悍、精明又机智幽默的形象而倾倒。他的服装就很有自己的特色。他每次出席重要的场合或者出门,从来不系领带而是打领结,他明白戴领结比系领带看起来个子要高一些,狭长的领带会把衬衫分割成狭长的款式,领带结是一个点不是线,位于脖子的最高处。同样的两个领导者见面,戴领结者会比戴领带者显得高。他的领结不仅巧妙地改善了自己身材的不足,也展示了自己独特的气质。

其实很多政要都深深懂得,在规范中张扬自己的个性,既使自己的个性特征表现无遗,又中规中矩,落落大方。

守住这四个基本的原则,男性员工的服饰关就能过了,基本不会出大错,而会展现出一个很好的风度和形象。

2. 女性职员的着装技巧

与男性职员相比，女性职员不论是在发型、化妆及服饰上，都有更大、更多、更宽广的塑造空间。因而，女性职员的服饰更富于变化和多彩，也更为考究、更为精细。但总的原则，依然是庄重、大方、简练、端庄，忌抢眼、招摇，切忌衣服过紧、过露、过艳、过乱，也不必一定是名牌，或是一定要华贵出众，关键是得体，能很好地展现自己的气质，符合自己的身份，给人优雅端庄的印象，而不是浮华、轻佻之感。这方面，我们可以向外交部的发言人学习，但不是简单地模仿。

比如外交部的女新闻发言人姜瑜，堪称穿衣的典范。她的首次亮相，是带有中式立领的白色西服上装和一条黑色长裤，戴上无框的眼镜，既显示出十足的优雅，又展现出干练的风采，深得媒体的好评。

随后走进大众视野的，是一个"每次出镜服装都不重复"的姜瑜。

在会议上，姜瑜总是这样搭配：白色裙装＋灰蓝色衬衣＋玫瑰金色胸花＋灰蓝色皮鞋。整体色彩统一，素雅、干练。因为外交会议场合不宜穿颜色过于鲜艳的服装，要给人一种知性、果断、干练的视觉感觉。

在访谈时，她的着装颜色略微鲜艳一些，因为参加访谈类节目不能过于严肃。

在发言时，她的黑色上衣与鞋子呼应，裙子与衬衣呼应。色彩使用面积几乎相等，整套服装搭配严谨。领子微微上立，使脖子看起来更加修长、挺拔，还有种强势的视觉张力感。

有设计师觉得，白色镶黑边的上衣不太适合姜瑜。因为她的脸型属于长型脸，略偏方型，过于硬质感的黑色线条与大面积白色的搭配反差过于大，使她的脸部线条棱角分明，有种"不必要的生硬感"。

但就在2010年9月28日，姜瑜穿了一件"白色镶黑边"的上衣，回答了日本记者关于钓鱼岛事件的密集提问。

作为一个成功的职场女性,务必记住如下职业着装的基本原则:

(1)场合原则:衣着要与场合协调。与顾客会谈、参加正式会议等,衣着应庄重考究;听音乐会或看芭蕾舞,则应按惯例着正装;出席正式宴会时,女性则应穿中国的传统旗袍或西方的长裙晚礼服,男性着装也应尽量庄重;而在朋友聚会、郊游等场合,着装应轻便舒适。试想一下,如果大家都穿便装,你却穿礼服就有欠轻松;同样地,如果以便装出席正式宴会,不但是对宴会主人的不尊重,也会令自己颇觉尴尬。

(2)时间原则:不同时段的着装规则对女士尤其重要。男士有一套质地上乘的深色西装或中山装足以包打天下,而女士的着装则要随时间而变换。白天工作时,女士应穿着正式套装,以体现专业性;晚上出席鸡尾酒会就须多加一些修饰,如换一双高跟鞋,戴上有光泽的佩饰,围一条漂亮的丝巾;服装的选择还要适合季节气候特点,保持与潮流大势同步。

(3)地点原则:在自己家里接待客人,可以穿着舒适但整洁的休闲服;如果是去公司或单位拜访,穿职业套装会显得专业;外出时要顾及当地的传统和风俗习惯,如去教堂或寺庙等场所,不能穿过露或过短的服装。

(4)整洁平整:服装并非一定要高档华贵,但须保持清洁,并熨烫平整,穿起来就能大方得体,显得精神焕发。整洁并不完全为了自己,更是尊重他人的需要,这是良好仪态的第一要务。

(5)色彩技巧:不同色彩会给人不同的感受,如深色或冷色调的服装让人产生视觉上的收缩感,显得庄重严肃;而浅色或暖色调的服装会有扩张感,使人显得轻松活泼。因此,可以根据不同需要进行选择和搭配。

(6)配套齐全:除了主体衣服之外,鞋袜手套等的搭配也要多加考究。如袜子以透明近似肤色或与服装颜色协调为好,带有大花纹的袜子不能登大雅之堂。正式、庄重的场合不宜穿凉鞋或靴子,黑色皮鞋是适用最广的,可以和任何服装相配。

(7)饰物点缀:巧妙地佩戴饰品能够起到画龙点睛的作用,给女士们增添色彩。但是佩戴的饰品不宜过多,否则会分散对方的注意力。佩戴饰品时,应尽量选择同一色系。佩戴首饰最关键的就是要与你的整体服饰搭配统一。

(8)搭配技巧:对于女性职员而言,整洁、美观、得体是着装的基本礼仪规范。具体来说,即要与自身形象相和谐,与出入场所相和谐,与着衣色彩相和谐。

衣着与自身形象的和谐:这里指的自身形象有两层含义,一是指所从事工作的职业形象;二是指自身的身材、长相。由于职业女性的职业特性的要求,在着装方面、职业女性应表现出稳重、大方、干练、富有涵养的女性形象。

衣着与出入场所的和谐:不同的场合有不同的气氛,衣着不能太出格,要与现场的主题、环境和谐。作为职业女性,大多时间是在办公室度过的,办公室工作要整齐、稳重、大方、上班时不能穿短裤、运动服,在办公室更不能穿超短裙。

通常女性出席这类较为隆重、正规的场合,着装应讲究,可穿戴套裙或旗袍,颜色以文雅艳丽为宜。会见、访问时着装:可穿套装、也可穿色彩、图案活泼一些的服装,如花格呢、粗条纹、淡色的服装等都适宜。

衣着与色彩的和谐:每个人都有属于自己的色彩,这种色彩能使人的肌肤散发的光彩更完美,显得更洁白干净,使气色看起来明朗,从而使人的整体形象更加亮丽、更加富有朝气,这种颜色就是我们所说的标准色。

特别要提醒的是,性感的打扮并不适合职场。有些职业女性不注重自己的身份,爱穿性感的服饰,殊不知这样不仅不会表现你的美和性感,还会让你的智慧和才能被埋没,甚至还会被看成轻浮。职场上的打扮是绝对不适合走性感路线的,这一点职场女性一定要警觉。

鞋与服装的关系很重要。职场女性通常以深色中跟鞋为首选,忌讳细高跟或尖头的样式,尤其不应该有无后跟式的鞋款。应该选择以肉色为主要基调的长筒丝袜。腿形略粗的女士,在肉色丝袜的颜色中可加以偏暗褐的色调,这样能起到收缩腿部体积的作用,既稳重又能体现职业女性的气质。

6. 注重细节，任何时候都展示自己的良好形象

良好的习惯对我们的事业、生活大有裨益，是我们前进的动力；而一些看似无伤大雅、无关紧要的、小小的坏习惯也会成为我们进步的阻力，有时甚至会毁掉我们的人生。因为一些貌似无伤大雅的坏习惯，却被老板炒掉，使生意泡汤的故事数不胜数。

王女士与一家保险公司的人，约好了在周末上午投保的事情，销售员小李如约而来，王女士开门迎接，小李西装革履，发型整齐，满脸微笑。

王女士心想："果然是一个地道的保险推销员的形象，不愧是一流的保险公司。"对这家保险公司的好感顿时增添了许多。当小李与王女士坐在沙发上时，跳入王女士眼帘的首先是小李脚上那双已经变了形的旧皮鞋，它破旧，毫无光泽，很多皱纹，与西服毫不相配。王女士顿时大失所望。

尽管小李用极好的口才不厌其烦地介绍了许多适合王女士的保险险种，王女士最终也没有买这份保险，她觉得从这个小细节可以看出小李并非是一个认真负责仔细的人，买小李的保险，她不放心。

从一双皮鞋就能够推测出穿鞋者的诚实度，听起来是那么不可思议。但细节对于形象的影响就是如此重要。可见，会展示自己的员工，一定不会忽略了细节。下面这些小细节，都是会影响你的形象的，需要每一个员工都高度重视：

(1)勿随口说脏话。骂脏话好像是会传染的。有家新组建的公司，员工都是一些非常可小男生小女生。可没过多久，他们就满嘴"国骂"了。

原来他们的老板最爱骂这一句。

(2)切忌四处发嗲。在职场打拼时,有的小姑娘遇到困难,撒撒娇就能蒙混过关,这样的例子,并不少见;可要是撒娇撒得太过分了,就会让人心生厌恶。

(3)不要将烟蒂到处乱丢。许多人都反感别人抽烟,究其原因,不但是因为吸烟有害健康,还与不少抽烟者缺乏卫生习惯大有关系。有些吸烟者往往不注意吸烟对别人造成的不便。他们也许不了解,不吸烟者一般都讨厌烟味和随风吹散的烟灰,也会因为烟雾引发咳嗽。而带有余烬的烟蒂还常常引发火灾等意外事故。而有的吸烟者会随意地处置吸剩的烟头,不是将它们丢在地上用脚踩灭,就是随手在墙上或窗台上摁灭。这些都使不吸烟者对吸烟者产生一种抵制情绪。因此,吸烟的人有必要自觉地对自己的不良习惯加以纠正,尽量避免给他人造成困扰。

(4)切忌随地吐痰。随地吐痰,一种令人作呕的坏习惯,绝大多数人都十分反感这种行为,有时甚至会因为这个小小的动作而毁掉自己的大事业。

有一家工厂做得很成功,产品远销国外。引得国外一家最大的经销商也专门派人到他们厂里来谈合作的事宜。厂长很高,派了一位一起创业的副厂长接待。副厂长带着几个外国人在厂区转悠,整齐的厂房,干净的车间,认真工作着的工人,这几位外国代表看得频频点头。就在这时,副总裁嗓子发痒,咳嗽一声,吐了一口痰在地上,然后继续陪着几位代表参观。可是几位代表不看了,抬脚就走人,合作的事也泡汤了。弄得这位副总裁莫名其妙,最后才知道,是因为他的一口痰吓跑了国外的经销代表,他们说:“一位厂长都这样不讲卫生,生产出来的产品又有多卫生呢?这让他们心里没底,不敢经销了。”其实厂里的产品真的很棒,只不过这副厂长从农村出来创业,养成了这种习惯,一时难以改过来,当时也没有太注意这件事,以至于一单大生意就被一口痰给毁了。

不论是在办公室还是在其他工作场合,随地吐痰都特别令人厌恶和反感,甚至恶心。因而一个有教养、有品位、有知识、有技能的员工,务必戒掉这样的坏习惯。如果这样的习惯不改,再好的形象也会毁灭殆尽。文明的做法是将痰吐入痰盂;如果周围没有痰盂,一是到厕所里去吐痰,吐后立即用水冲洗干净;二是将痰吐在纸巾里,再将纸巾扔进垃圾箱里。

(5)不可当众搔痒。搔痒的动作实在不雅观。而引起皮肤瘙痒的有病理和生理两方面的原因。其中,体质过敏,皮肤长出奇痒难忍的疱疹,就属于病理性的瘙痒;不管是什么原因引发的瘙痒,当事者都要视当时所处的场合灵活处理。比如说在严肃的场合,就应稍加忍耐;如果实在忍无可忍,则应该离席到比较隐蔽的地方去搔一下,然后赶紧回来。不管怎样,搔痒的动作看起来是很猥琐的,所以应尽量避人行事。根本的解决办法是去看医生,遵医嘱吃药打针,根除瘙痒。其实有些人爱搔痒纯粹是下意识的,他只是习惯了一坐下来就用手东抓西挠,而并没有意识到这是十分不文明的行为。有这种坏习惯的人一定要尽量克服。

(6)切忌表里不一。当老板不在的时候,应该是办公室里气氛最轻松的时候。这时候,有人大声说笑,有人说老板的不是,有人甚至大摇大摆地坐在老板的位子上大放厥词……所谓“阎王不在,小鬼当家”指的就是这种情况。

平日里在老板面前唯唯诺诺,只要老板不在就敢如此嚣张放肆,这种人和可怜虫有什么区别?

其实,表里如一并不是很难做到。而且只有将自己的处事态度贯穿始终,你才能获得真正的快乐。更何况这种阳奉阴违的行径终有百密一疏的时候。

一群人在开会时憋了一肚子的气,好不容易才解放出来,于是一起跑进洗手间,毫不留情地批评起上司来:“总务科长就会奉承拍马,真叫人受不了。跟这种人能有什么好?”

当时,总务科长就在另一间厕所里。

在生活中,对这种事,你一定会时常有所耳闻。其实不光是洗手间,其他地方,比如员工餐厅、电梯或班车等,都是容易让人松懈的场所。

所以,在职场,不要表里不一,这样的人让人不敢信任。再说,日久见人心，日子长了，就算你隐藏得再好，你在老板、上司和同事们心目中的形象也会大打折扣。

(7)保持随和亲切。每个人都有自己的习惯与性格，性格决定了行为模式，好性格能带来身心的愉快以及和谐的人际关系，带来良好的人缘。人缘绝非可有可无，它是人生的基石、是事业的助推剂、是个人幸福的源泉所在。人缘好的人处处受欢迎，办事皆顺利。所以，一个优秀的员工，也一定要注意培养自己的性格，让自己乐观随和，才能更利于与人相处；善良忠厚，更能赢得信任。

性格随和的人，更平易近人，更容易得到别人的亲近，和别人打交道也更轻松自如。也就是说，在别人和你打交道的时候，不要让人有一种紧张感。一个"你很难同他打交道"的人，他在交往中总会遇到很多难以克服的障碍。一个随和谦逊的人很好相处，而且言谈举止都很自然。他会营造一种舒适、愉快、友好的氛围。

(8)尊重别人。这也是树立好形象展示自己的优秀品格的一个方面。对每一个人来说，都有这样一个愿望：那就是使自己的自尊心得到满足，使自己被了解、被尊重、被赏识，所以，你越是尊重别人，越能赢得别人的好感，得到别人的尊重，也越能赢得别人的信任和支持，你的工作当然会更顺利。

7. 展示能力，赢得别人的敬服

能力第一，是职场的铁律。不管是老板、上司、客户和同事，都只对有能力的人友好、服从、敬佩甚至追随。所以，有能力的人永远是职场不会过时的红人。但是，有能力也不能一直闷在肚子里，不会展示能力也会像没有被人认出来的千里马一样，"骈死于槽枥之间"，一生碌碌，毫无作为，甚至都不知道你是一匹真正的千里马！所以，有能力就一定要展示出来，让别人看到你的能力，感受到你的能力，你才能赢得他们的信任，得到他们的支持，使工作一帆风顺，处处顺利，使自己也能平步青云，一路高升。

菁菁大学毕业后进了一家企业的公关部做文秘工作。菁菁是个踏踏实实的人，做事认真，能力也很强。但她一贯不喜欢表现自己，只知道老老实实做事，甘当人人背后称道的无名英雄。每天认认真真把自己分内的事情做得很好，但这些事情谁都会做，根本显示不出菁菁有什么不一样。而其他的人都善于表现自己，老板经常夸赞公关部的人"个个都是猛将"。只是说，菁菁还需要多锻炼。菁菁只是一笑，并没放在心上。因为她觉得以自己的能力，也是当得起老板的夸赞的。但老板并不这样想，老板觉得公关部只有她是没什么能耐的。

不久后，公司裁员，公关部要裁掉一人，尽管论学历、论工作态度、论人缘口碑，她都不错，但还是她接到了人事部提前一个月下达的辞退通知。菁菁好像当挨了一记闷棍一般，她半天也没回过神来。

正好这天，一个和公司即将签约的大客户提出要到公司来看看。这家客户是一家大型合资企业，一旦和这家大客户签下长期供货合同，全公司至少半年内衣食无忧。来参观的人中有几个是日本人，并且还是这次签约的决策人物，这是公司没有想到的。见面时，因双方语言沟通困难，场面显得有些尴尬。就在公司老总颇感为难之际，菁菁不失时机地用熟练的日语同日本客人交谈起来，给老总救了场。菁菁陪同客人参观，相谈甚欢。她凭借自己良好的日语表达能力和沟通能力，加上对业务的深入了解，终于顺利地签下了大单。

这下不仅老板，全公司的人都对她刮目相看了。一个月后，菁菁不仅没有被辞退，还被升任为公关部副主任，专管与日方的合作。

可见有能力，就一定要展示出来。因为现代社会节奏太快，没有人等着你来慢慢展示，必须抓住机会，适时展示出来，才不至于被埋没。

能力的高低，直接关系到工作效率、工作业绩的优劣。有领导能力，才能够运筹帷幄，从全局上把握正确的方向；有公关能力，才能疏通、协调好各种关系；有创新能力，才能大胆创新、锐意改革；有语言能力，才能通过语言感召力，使群众一呼百应，各方面的管理井井有条，富有效率和生机；有专业能力，才能使工作效率倍增，使自己不可替代……能力是需要展示出来的。优秀员工也是那些善于展示自己独特的、卓越的、优秀的能力的人，正是因为他们高超的能力，才使他们得到所有人的敬服，也成为最不可替代的重要人物。

在英国赛马界，有一位声望很高的权威亨利·亚当斯，他既不是声名显赫的老板，也不是技能出众的赛手，而是一位钉马掌的铁匠。亨利钉的马掌可以说是马蹄上最合适的马掌，也是赛手们最信任、最青睐的马掌。甚至有赛手说："如果他想赢，就必须找亨利给马钉掌！"亨利则说："我给它们钉了一辈子的掌，这就是我的工作，也是我最关心的事。我看到一匹马，首先想到的就是该给它钉一副什么样的掌最合适。"

的确，没有人比他钉的马掌更合适的了。他一辈子给人家钉马掌，超级钉马掌的技术为自己赢得了极高的荣誉。当他年事已高，找他钉马掌的赛手们仍络绎不绝，甚至要排队等候，因为在赛手们眼中，他是无人可替代的。

中国有句古话："良田万顷，不如薄技随身。"一个人有一项与众不同的技能，正是其立足于世的最大的根本。与其诸事平平，不如一事精通，特别是那些特殊的、没有人可以替代的"专业能力"，更是取得业绩、成就伟业的关键，也是很多优秀员工攀登职业高峰的秘诀。

用什么证明你的能力，展现你的能力？当然是业绩！业绩是能力最好的证明。证实自己能力和分量的永恒秤砣，就是实实在在的工作业绩。一个员工要想有所发展，受到器重，得到青睐，把能力转化为业绩最重要。一个员工要想在众多的同事里脱颖而出，必须用高于他人的业绩来证明你的能力，只有能力出众，你才可以引起领导的重视，才能让别人看到你的能力，才能得到大家的敬服。

业绩是衡量人才的唯一标准。一位曾在外企工作多年的人力资源总监颇有感触地说："所有企业的管理者和老板，只认一样东西，就是业绩。老板给你高薪，凭什么呢？最根本的就要看你所做的事情，能在市场上产生多大的业绩。"现在就是一个以业绩论英雄的时代。

在海尔，考核员工只看业绩，以绩效论英雄，真正做到"能者上、平者让、庸者下"。每年年终，总有一部分中层干部因完不成市场任务而落马，又总有一批超额完成市场任务的新秀走上领导岗位，"能者上、平者让、庸者下"在海尔司空见惯，习以为常。比如有一处干部综合考核结果：升迁 27 名、轮岗 9 名、整改 4 名、警示 2 名、降职 3 名、免职 1 名，整改、警示、降职、免职的干部加起来占总数的 11%，本年度干部调整的总数占干部总人数的 51%。

海尔集团董事局主席张瑞敏曾就此发表意见说："我认为对待元老还是要看他是否对企业做出贡献，如果你因为照顾他，导致企业没有饭吃了，那么这种照顾就是对所有员工的不照顾。不论是元老还是年轻人，你到底怎样做才算真正的照顾呢？我认为不是表现在小恩小惠上，而是让他自己具有竞争力。"

用业绩说话，是员工对自己最好的表白，也是对能力最好的展现。只有好的业绩才能证明你有优秀的能力，只有优秀的能力才能使你的职场之路走得更远更稳！优秀的员工都明白这样的道理，因而他们不仅注重培养自己的能力，更注重适当地表现自己的能力，从而让自己在职场永立不倒，成为职场常青树，并做出卓越的成绩。

第六章

会休息:张弛有度,身体康健

优秀的员工绝不是那种只顾埋头工作、累死累活的员工,这样的员工只会取得一时的成绩,而不可能持续发展。优秀员工不仅懂得努力工作,更会合理休息。所谓"一张一弛,文武之道",只有会休息的员工才会工作,只有休息好才能工作好,只有张弛有度、动静得宜的员工,才是身体康健、身心舒适的员工,也是工作安心、生活舒心的员工。

1.

会工作更要会休息

一味工作的老黄牛是最优秀的员工吗？如果回答是，那么你已经“out”了，因为那是20世纪六七十年代劳模的榜样。在那样的时代，那些加班加点、不计得失，“鞠躬尽瘁、死而后已”的“老黄牛”一直是最值得尊敬的人，是学习的楷模。社会舆论鼓励人们加班加点，废寝忘食，对累倒甚至累死在工作岗位上的人更是褒奖有加。在这种氛围下，人们不经常加班加点就不够先进，不够“典型”……甚至，在整理先进人物事迹时，也非得挖出他们经常加班加点、忘我工作的故事，以显示其真的“很先进”。这种舆论倾向，实际上就是鼓励、引导人们透支生命，玩命工作，而不注意身体健康。这是一种误导。殊不知，身体是革命的本钱。一个不懂得生活的人就不懂得工作。生活好了，身体好了，工作才能真正做好。这是生活常识。我们不妨想想，人毕竟不是机器，即使是机器，也有磨损、检修的时候。只工作不休息，如何能保证我们持续健康地工作，保证我们永远有充沛的精力？累垮掉甚至累死掉早已不是现代人生活的观念了。

在今天这样一个既注重工作效率更注重生活质量的时代，只懂得工作不懂得休息的员工，注定是一个被工作压垮、被时代抛弃的悲剧。

琳达是个聪明漂亮且特别有灵性的女孩子，所有的事几乎是一点就透，再加上对事物的领悟力强，她大学毕业后刚进一家外资公司不久就被企划部的经理看中了，一干就是三年。在三年的工作中，琳达是频频创新，经手的几件企划案特别受委托方的赞赏，而且也给对方创造了很好的业绩，连公司老总见到琳达也主动打招呼，私下里也一直称赞，“年纪轻脑子就是活。”

经过三年的锻炼，琳达已经成了部门里的主力，所有大案要案都是由她负责，为了保持自己良好的口碑，为了再努力创造新的成绩，琳达更是对自己高标准严要求。一个客户的企划案不能仅仅做出一个方案了事，至少要同时想出三个不同角度、不同视点的方案让客户选择。于是，琳达经常是吃完晚饭休息片刻后就进入了连续几个小时的文案策划，而一个方案的完成至少要三天，累积下来，只要琳达接一个新客户就会连续开两个星期的“夜车”，长期伏案工作也让她每天都感觉疲累异常。琳达有时私下算一算，一个月不加班的日子似乎不到一周。可是现在，琳达经常会感到胸闷气短，有时还会眼冒金星，特别是颈椎，更是毛病丛生，眼睛也产生了“干眼症”、“键盘肩”、“鼠标手”都找上门来，上了医院，医生建议她最好能好好休息一段时间，正值事业上升期的琳达不得不中断工作。

其实像琳达这样还算非常幸运的。因为及时调养就可以恢复。年轻力壮并无宿疾，然而却以猝不及防的速度告别人世的例子不在少数。像创下几十亿身家却在 37 岁的英年患胃癌去世的南民，像央视主持人罗京，像猝然离世的优秀演员高秀敏、傅彪……甚至很多年轻的职场人！

2011 年岁末，微博上的一则消息引起了网友的热议：北京女孩方言，12 月 16 日因急性胃溃疡导致失血性休克而去世，年仅 23 岁。根据她生前的微博推断，12 月 14 日，她忍着胃痛还在上班，14 日 23 时许因胃病发烧，16 日因急性胃溃疡去世。

2012 年的清明小长假，网络文学界陷入“哀思”——著名网络写手青鋆和风天啸在 4 月初相继去世。据了解，两位写手的离世均与他们长期熬夜写作有很大关系。这在网络写手群落中引起巨大震动。

身为某知名阅读网站的 A 签作者（最具发展潜力的写手），青鋆于 4 月 2 日去世。这个 1987 年出生的浙江金华女孩才华横溢，在作为写手短短 3 年内，她出了几百万字作品，其中《新娘十八岁》、《时尚俏妈咪》等都是很受热捧的作品。然而，长期熬夜和抽烟的坏习惯使年轻的青鋆患上了肺癌，尽管她一直保持着乐观坚强的心态。直到3月18日在最后一条微博中，她仍显示了自己的不服输："医院咋啥都米（没）办法，插那么多管子只告诉你离生命极限不远了，我偏要好起来！"可是这回青鋆最终没有挺过来。

就在读者为青鋆的英年早逝扼腕不已时，重庆传来消息，另一家知名网站的作品总量超过1000万字的顶级写手风天啸，也在4月2日的晚上突然去世。风天啸于3月20日刚写完271万字的网络小说《叱咤》，又在准备4月20日开写新小说《反王》，网友说："风天啸一定感到很累。"

而不久之后的5月25日，一名25岁的江阴女子在南通海门做家纺网络销售，已做到皇冠级别，没想到却猝死在房子里，尸体竟然是过了数天腐烂后才被发现。警方已排除他杀可能。而网友普遍认为是因为"过劳"而死。因为做网店每天至少有18个小时在电脑前，生怕一离开就会跑单。要知道，在淘宝做到皇冠级别，需要付出多大的代价。必须有超过一万笔的好评成交率，做到皇冠级要1万个有效成交量，可以想见她的劳累程度。健康被无限透支，悲剧也就无法避免。

就算再年轻，就算再有身体本钱，健康也经不起一而再、再而三地预支！为了梦想而执著，而努力，而奋斗，没有错，但是如果以健康来换梦想，以健康来换金钱，以健康来换未来，我们必然会得不偿失。

所以，不懂得休息，只会一味工作的员工，算不得是好员工。这是对自己不负责任，也是对企业不负责任。企业对于优秀的员工都寄予厚望，但一个失去健康的员工，如何能担当大任呢？

会工作更要会休息，只有在劳碌中放松自己，拥有健康的身体，才能真正实现自己的理想，做好自己的工作，让自己持续发展，良好发展，使工作和生活都有一个良好的状态。只有让工作和休息适当地结合在一起，才是最好的生活之道。会休息的人，才能更好地工作，才能在事业上取得成就。

休息，不是什么都不做，而是在一定的时间内相对地减少活动，从生理和心理上得到松弛，消除或减轻疲劳，恢复体力、精神的过程；休息不是一种空虚状态、一段假期，休息是工作与娱乐的完美结合，工作因为这种结合而变得令人愉快。

第一，要懂得休息是必要的。研究表明，一个人过得轻松自在将比长期承受压力健康一倍。因此，休息是保持良好健康状态的基石。但是，往往你没有足够的机会来休息。下面，将告诉你如何有效地利用时间来休息。

第二，要每天工作期间保证一小时的休息。无论是上班，还是学习，都应当了解这样一个公式：8－1＞8。也就是说，在8小时的工作时间内，抽出一个小时休息，那么，工作效率将会高于原来的8小时，由此也可见休息的重要性。尤其是对一些创造性、发明性的工作更是如此。芝加哥罗斯福大学应力研究所的乔纳森·史密斯博士认为，休息不一定需要很长的时间："在一个小时的工作后让心灵保持两到三分钟的平静将非常有效。"具体的做法只需要将椅子旋转至背对电脑，闭目养神几分钟。(如果你担心被同事们认为你在偷懒，可以拿一些文件在手上，让他们看起来像是你在阅读重要的备忘录。)

第三，学会轻松。埃斯特·伯格(国立精神卫生研究所的研究员，著有《内部的平衡》一书)认为："你必须考虑让自己在日常工作中'离线'，并投身到其他事情上 去。"具体的做法是打开你的MP3播放流行CD，泡上一杯加点蜂蜜的热茶，然后就可以闭上眼睛，戴上耳机，能够让你忘却一整天的疲劳。《打盹有理》的作者墨菲·吉尔·隆认为，进行一次20分钟的小型温泉治疗，用薰衣草或鼠尾草香剂给自己按摩也是很好的放松方法。

第四，每周保证一天的放松。《捍卫休息日》的作者琳妮·芭比总是坚持一周中总有一天是属于自己的，用来在休息的旋律中找自由。她和她的家人从住以色列特拉维夫以来，二十年来都一直遵守安息日。(以色列从周五日落到周六日落要求停止一切工作，这一天称为休息日)芭比认为安息日是在告诉妇女们："好吧，这 一周你有六天的时间来把他人的需要摆在自己和工作之前，那么就花一天时间来休息吧。"所以，与家人到公园去进行一次漫长的野餐，"花一天时间去享受天伦之乐"。

第五，每一年都至少要有一次度假。至少一星期，到山里或海边走走，而不要去繁华喧闹的大都市。如果感到倦怠的感觉迫在眉睫而休假遥遥无期，不如试着忙里偷闲，偶尔请半天假，找个清幽的地方想想事情或溜达着逛逛街。努力寻求工作以外的乐趣。它可以是一种运动，或是一些并不耗费精力的玩意儿，如逛街、聊天。对公司赋予的假期，应适时支取，对家务要尽量化繁为简，为自己留点空闲。平常应该培养自己的业余爱好，每周至少两次体育锻炼，每月参加一次娱乐活动，如听演唱会、到足球场看比赛、看美术摄影展览、唱卡拉 OK 等。或者你可以在倦怠情绪侵袭的时候，干脆休假去远途旅游，心情自然就会变得豁然开朗。

第六，学会与人沟通。不开心或者烦闷的时候，你可以找朋友倾诉心声，很多时候，自己并不能消除压力，而需要别人帮你解决问题。你若不愿向熟人倾吐，可向专业心理咨询人员求助。除此以外，千万不要忽视与家人的沟通，你的倦怠感也会影响到家人的情绪，对他们说说你内心的想法非常有必要，或许你可以从他们那里获得改善的灵感也未可知。

第七，保持良好的心态。良好的心态是快乐的秘诀，心理学家告诫：先处理心情再处理事情，不要带着怒气去工作和生活。再聪明的人也会因为情绪不良而失败，做一个 EQ 高的人并不难，只要你每天多留意一点点。回到家前先告诉自己笑一笑，生气的时候伸个懒腰，憋闷的时候站起来走走，经常换不同的衣服穿……有心的人永远会快乐，记住：生气是拿别人的错误惩罚自己。

第八，要团结同事。如果和同事相处不和睦，更容易触发工作倦怠症，人缘不好，怎么做也不会开心。作为新员工，觉得自己学历傲人，唯我独尊；作为老员工，觉得自己资历不浅，心中不服，这样攀比只会破坏同事之间的关系。给自己创造良好的人际环境就是为自己积累财富。著名心理咨询专家唐汶告诫大家做人要把握以下“五不”原则：倚老不卖老，弹性不固执，幽默不伤人，关心不冷漠，真诚不矫情。放下架子，你会发现拥有志同道合的同事，也是避免倦怠的好方法。

总之，无论你从事什么样的工作，都要拿出时间让自己从繁忙的工作中脱离出来，以单纯之心来享受生活的美好，学会给自己的心放个假。抽身事外，再回头看看自己的工作内容，相信你一定能从中找到重新激发工作热情的亮点。

2.

警惕“过度疲劳”，在疲劳前休息

过度疲劳是指由于工作时间过长、劳动强度过大、心理压力过重导致精疲力竭的亚健康状态。它最大的隐患是引起身体潜藏的疾病急速恶化，比如导致高血压等基础疾病恶化引发脑血管病或者心血管病等急性循环器官障碍，甚至出现致命的症状。这种长期慢性疲劳后诱发的猝死也就是“过劳死”。

近些年，随着职场竞争的加剧和压力的增加，“过劳死”的现象在我国也日渐增多，许多业界精英英年早逝，令无数人为之扼腕不已。像 37 岁就因劳累致心脏病突发猝死的青年科学家胡可心、52 岁因劳累致心脏病突发去世的大中电器总经理胡凯、38 岁就因劳累致肠癌去世的均瑶集团董事长王均瑶、42 岁就因心肌梗死亡的绿野木业公司董事长许伟林……

不仅仅是事务众多、压力巨大的各界精英，平凡小职员因为过劳而猝死的，也不乏其人：

2009 年 5 月 28 日晚，华为员工胡新宇在广州中山医科大学第三附属医院病逝，年仅 25 岁。他因工作任务紧迫持续加班近 1 个月，导致过度劳累，全身多个器官衰竭。胡新宇于 2005 年从成都电子科技大学毕业后获硕士学位，到深圳华为公司从事研发工作。他的日常作息习惯从此改变：晚上 10 时，坐上公司班车，颠簸到家已过 11 时，第二天早上 7 时准时起床上班。4 月初，他所在部门封闭研发新项目，项目启动后，他几乎天天在公司过夜，长期蹲点实验室打地铺，不管加班到多晚，早上依旧按时上班。医生宣布他是典型的“过劳死”。

2011 年 4 月 12 日，普华永道会计事务所审计部门一名刚入职半年的 24 岁美女硕士员工因过劳引发急性脑膜炎而去世，

2011年5月18日，央视财经频道一位年轻的编辑死于胃癌晚期，年仅36岁。而长期过劳和不规律的生活正是其夺命元凶。

而2011年11月18日，刚从中山大学毕业，成为“百度地图”一名技术研发人员刚四个月的林海韬，却因心脏衰竭而亡。据其生前发表的微博发现，死者工作繁忙，曾48小时不休不眠，微博曾多次出现“通宵”、“累”、“困”等字眼。一众网友直指其是“过劳死”。

……

这样的事例似乎越来越多了。现代员工的生活节奏明显加快，竞争也日趋激烈，因而对于员工的压力也越来越大，加班早已是家常便饭，疲劳也已成为一种“正常现象”，随着社会竞争的激烈，“过劳”正在员工中蔓延开来，就在我们身边，过劳死的案例比比皆是。

所谓“过劳死”实际是长期过度的劳累，引发人体心衰、肺衰、肾衰、心肌梗死、脑溢血等病症造成的猝死。这种猝死的死因主要是冠心病、主动脉瘤、心瓣膜病、心肌病和脑出血，与一般猝死没什么不同。只不过这些病的潜在性使过劳者忽略，以致酿成严重后果。但若没有过度劳累这个诱因，猝死可能就不会发生。

一般来讲，“过劳死”是由于工作时间过长、劳动强度加重，以致精疲力竭，突然引发身体潜藏的疾病急速恶化，救治不及而丧命的。

“过劳死”又可视作一种疾病过程或身体非正常状态。其主要表现有：经常出现身体乏力、睡眠不稳、记忆力减退、头痛头昏、腰痛背酸、食欲不振、视觉紊乱等疲劳症状，但到医院去检查，却又没有明显的病症。

“过劳死”与一般猝死几乎没什么不同，但其特点是隐蔽性较强，先兆不明显，这点很容易被一般人所忽视。“过劳死”最常见的直接死因有：冠心病、脑出血、心瓣膜病、心肌病和糖尿病并发症等，所以一定要警惕过度疲劳。

人体就像“弹簧”，劳累就是“外力”。当劳累超过极限或持续时间过长时，身体这个弹簧就会产生永久形变，导致老化、衰竭，甚至死亡，过劳就像健康的大敌一样，时时刻刻虎视眈眈地盯着我们，一不小心，就会被它毁掉我们的一切。积劳，就会成疾，就会摧毁健康，甚至使生命早夭。所以我们每个人都要小心地保持它的弹性，不要超过它的弹性限度，要注意合理地休息，减轻自己的压力，别让自己总是处在一种过劳的状态，它也就拿我们无可奈何了。所以每一个员工都要特别注意调节自己的工作和生活，注意休息，及时休息，不要等到疲惫不堪或是积劳成疾时再来休息，而是要主动休息、充分休息。下面的方法可以让我们避免过劳、保持健康：

(1)合理安排工作。别黑白颠倒，别工作太重，别让自己一刻也不闲下来。

(2)要有适当的户外活动。每天都要留出一定的休息时间。听音乐、绘画、散步等有助解除生理疲劳。每周散步 4～5 次，每次 30～45 分钟，或一星期进行 3～4 次温和的户外活动，每次 30 分钟，都是必要的。

(3)要学会主动休息。工作是永远也干不完的。要注意休息，不要扛。

(4)要学会自我心理调节。放宽心，不担心，大笑，自找乐。

(5)要定期进行体检。查一查自己身体的各个机能，了解身体的状况，让自己更有信心。最好每年做一次体检，重要的是要保持体检的连续性，不要中断，以便早期发现高血压、高血脂、糖尿病，特别是隐性冠心病，防患于未然。

(6)要善于劳逸结合。出现疲劳感就应该进行调整和休息，做到劳逸结合，张弛有度。

(7)要主动锻炼身体。适当参加体育锻炼和文娱活动，积极休息。一是有氧运动，如跑步、打球、打拳、骑车、爬山等；二是腹式呼吸，全身放松后深呼吸，鼓足腹部，憋一会儿再慢慢呼出；三是做保健操；四是点穴按摩。如果是心理疲劳，千万不要滥用镇静剂、安眠药等，应找出引起感情忧郁的原因，并求得解脱。病理性疲劳，应及时找医生检查和治疗。

(8)要饮食补充。注意饮食营养的搭配。多吃富含蛋白质、脂肪 和 B 族维生素的食物，如豆腐、牛奶、鱼肉类，多吃水果、蔬 菜，适量饮水。

其实，说了这么多，最重要还是休息。不管是谁，都需要放松、需要休息，再强健的人，也不可能永远不停地高强度工作，这样迟早是会被压垮的，这是谁都明白的道理。所以，只要我们注意休息和放松，也就可以远离过劳的。

其实防范过劳，最重要的原则还是：在你感到疲倦以前就休息。这一点之所以重要，是因为疲劳袭来的速度快得出奇。美国陆军的多次实验证明，经过多年军事训练又很坚强的年轻人，如果不带背包，每小时休息10分钟，行军速度就明显加快，而且持久。

如果你没有办法在中午睡午觉，那么，至少要在吃晚饭之前停下来休息一个小时。如果你能在下午五六点钟，或者七点钟左右，睡上一个小时，那么，你就可以在你的生活中每天增加一小时的清醒时间。为什么呢？因为晚饭前睡的那一小时，加上夜里所睡的六个小时一共是七个小时，对你的好处比连续睡八个小时更多。

过度疲劳的后果是相当严重的，切不可只是一味地工作，不懂得调节和变换，要学会在疲惫前就休息，而不是一直让自己累垮了才来后悔。

3. 学会放松，拥有一个良好的心态

现代员工的生活过于紧张和匆忙，很容易使人产生疲累感，甚至生发职业倦怠、人生倦怠症，失去工作和生活的热情，使人生变得苍白和无所作为。所以，优秀的员工还学会放松自我、舒解自己，减慢都市紧张的生活节奏，调整生活和工作方式，让你在紧张的工作之后能够迅速地放松下来，做到张弛有度，给自己松绑，让自己的心情快乐起来，保持一种轻松愉悦的心态，才更有利于健康，也更有利于工作和生活。

在紧张的生活中，听听舒缓、柔情的音乐，对于一些人来说，就是一种放松。在忙碌了一天的工作后，可以坐下来静静地看一本书，对于一些人来说，就是一种放松。在喧嚣的都市里，能有一个安静的角落或者感受一下大自然的美好，对于一些人来说，就是一种放松。有的人和朋友一起聊天，就是一种放松。有的人和朋友一起喝酒，就是一种放松。有的人独自去游泳，这也是一种放松。听歌、看书、散步，也都是放松自己的良好方式，有利于促进我们保持身心的健康，轻松前行。

第二次世界大战期间，丘吉尔新到北非蒙哥马利将军行辕去闲谈时，蒙哥马利将军说："我不喝酒，不抽烟，到晚上十点钟准时睡觉，所以我现在还是百分之百的健康。"丘吉尔却说："我刚巧跟你相反，既抽烟，又喝酒，而且从不准时睡觉，但我现在却是百分之二百的健康。"很多人都认为怪事，以丘吉尔这样一位身负第二次世界大战重任，工作繁忙紧张的政治家，生活这样没有规律，何以寿登大耄，而且还百分之二百的健康呢？

其实，只要稍加留意就可知道，他健康的关键全在持之以恒地锻炼、轻松的心情。毫无疑问，丘吉尔既抽烟，又喝酒，且不准时睡觉，这些并不足为训。但我们是否知道，丘吉尔即使在战事最紧张的周末还去游泳、在战事白热化的时候还去垂钓，而且他刚一下台就去画画？估计很多人都见过他那微皱起的嘴边上，斜插着一支雪茄的轻松心情吧！

可见学会放松自己，让自己随时保持愉快的心情，对健康是极为有利的。因此，我们不妨学着丘吉尔那样给自己的心情放个假吧！也许我们不可能完全达到丘吉尔的境界，但是我们只要学到一半，就可以得到百分之百的健康。但如果我们总是让自己的心灵陷入一种紧张之中，迟早我们都会因之崩溃。

据说，西班牙的宗教裁判所中常用的一种用来拷问囚犯和俘虏的刑罚是将囚犯的手脚固定，然后在他们的头部上端吊一个漏斗一样的水袋，水袋会昼夜不停地从头上嗒嗒地滴水，久而久之，囚犯便会神经错乱，直至发狂。原来在囚犯们听来，那落在头上的水滴声好似重锤击打在头上发出的声音一样，听久了，他们的身体和心灵都会彻底崩溃。

无休止的工作和忙碌就好似那不停地往下滴水的水袋，只要你不离开，它就会一刻不停地击打你的心灵，不会放松自己的人，终将被其击垮。所以，我们在工作之余，应该学会放松，学会尽情享受美好人生。由于生活节奏的加快，人们忙忙碌碌为工作、为生活，似乎每天都没有充裕的时间去放松自己。其实只要合理地分配你的时间，也就是说妥善地处理好工作与生活、忙碌与休闲之间的关系。坚持每天抽出一点时间来放松自己，你就能做自己喜欢做的事。

要使自己的心情轻松，首要的就是“知止”。“知止”于是心定，定而后能静，静而后能安，心情还有什么不轻松的呢?

使心情轻松的第二要诀是“谋定而后动”。做任何事情，要先有周密的安排，安排既定，然后按部就班地去做，才能应付自如，不会忙乱。在这瞬息万变的社会里当然免不了也会出现偶发的事件，此时更要沉住气，详细而镇定地安排。事事要谋定而后动，就一定像中国史书中的谢安那样在淝水之战最紧张的时刻还能悠闲地下棋了。

使心情轻松的第三要诀是不做不胜任的事情。假如我们身兼数职，却顾此失彼，又有何快乐可言呢? 或者用非所长，心有余而力不足，心情又怎么会轻松呢?

使心情轻松的第四要诀是“拿得起，放得下”。对任何事情都不可一天二十四个小时地念念不忘，寝于斯，食于斯。否则，不仅于身有害，而且于事无补。

使心情轻松的第五要诀是在轻松的心情下工作工作可紧张，但心情仍须轻松。在你肩负重担的时候，千万记住要哼几句轻松的歌曲。在你写文章写累了的时候，不妨高歌一曲。要知道心情越紧张，工作越做不好。

使心情轻松的第六要诀是多留出一些富裕的时间。好多使我们心情紧张的，都因为时间短促，怕耽误事。若每一样事都留出些时间来，就能不慌不忙、从容不迫了。最好的办法就是把自己用的表拨快到一个相当的时间。时时刻刻用表面上的时间提醒自己，如此则既不误事，又可轻松。

整天忙忙碌碌的人，也许他们得到了很多的东西，但也可能失去了很多能抓住的东西。就像一个赶路的人，它可能为了能快点到达目的地，可能会错过美丽的风景或意想不到的财富。每个人都有放松的理由，因为放松，能使我们更清醒地去对待问题；因为放松，能使我们感到很快乐；因为放松，能使用我们抓住身边的幸福；因为放松，一些忽远忽近的记忆碎片会印得更清晰。

会放松的人一定是一个懂得生活的人，因为他知道何时紧握，何时放松。何时张开自己要飞的翅膀，何时找一个温暖的巢穴栖息。懂得生活的人必定是一个成功的人。在一个轻松的氛围下，你的心情就像春风的和风、像夏天的冰水、像秋天的露珠、像冬日的阳光。你会忘了所有的不快，就像天空里飞行的小鸟一样自由自在。

一个心情经常轻松的人沾枕头就睡着。一个心情经常紧张的人容易失眠。一个永远从容不迫的人准能长寿。一个紧锁眉头的经常紧张的人定会早亡。没见过一块发条永远上得十足的表会走得长久；也没见过，一个心情日夜紧张的人不易病。所以，给心情放个假吧。放下了，才能轻松地生活。

哲人说，成功与失败的分水岭不过就是五个字——我没有时间。当你面对着沉重的工作任务感到精神与心情特别压抑的时候，不妨抽一点时间出散心、休息。磨刀不误砍柴工，等再回到工作中来，你就会发现提高了自己的工作效率。其实只要能学会放松，不论工作和生活，你都会显得比别人更豁达大方，更从容理智，从而赢得别人的信赖，使你变得更精明、更能干、更健康、更有力量。

4.

抛开压力，别让压力压垮自己

现代经济速发展，但同时也给现代职工带来了很多的压力。每一个人每天都生活在压力之中，怪不得很多人都感叹“鸭梨山大”——压力真是像山一样大啊。

毫无疑问,适度的压力是我们大步前进的动力,俗话说“水无压力爬不高,人无压力轻飘飘”,没有压力就没有动力。所以适度的压力对我们的工作甚至身体都是有益的。但是,一定要注意“适度”这两个字的含义。如果压力“过度”,势必会伤害我们的健康、损害我们的心态、危及我们的身体、影响我们的工作,会造成各种生理及心理方面的损害,让人心灰意冷,万念俱灰,甚至毁掉自己的人生!

这样的事例比比皆是。近几年频繁发生的博士、硕士因各种各样的压力过大自杀的事件,足以证明压力可以毁灭一个人的一生。有很多自杀者的原因都是压力过大,甚至很多在世人眼中光鲜无比的明星,都因为忍受不了巨大的压力而走上不归路。

韩国演艺界近些年相继发生艺人自杀事件,自著名演员李恩珠自杀之后,韩国演艺圈陆续有崔真实、朴龙河、张紫妍、安在焕、张彩苑、金宥利等22名艺人走上绝路,在娱乐圈引发了令人恐惧的“维特效应”(模仿自杀效应)。

在韩星自杀事件接连发生后,韩国媒体曾对艺人自杀原因作了分析,总结出了三个原因,分别是经济压力、流言蜚语压力和工作压力。其中,被诟病最多的是韩国演艺公司对艺人合约的苛刻和工作的压力。

在韩国生活多年的Super Junior前中国成员韩庚,就是因为韩国演艺圈残酷的生存环境,而闹出解约纠纷。其经纪人孙乐曾向媒体透露:“韩庚有段时间每天给亲友打电话抱怨,直到有一天韩庚对我说,‘韩国自杀率那么高,你想看到我和他们一样吗’,我才意识到问题的严重性。”有一次,韩庚去医院挂水,为了赶下一个通告,经纪人不顾他心脏是否受得了,把点滴速度拨到最快,后来看时间来不及,干脆拔了吊针;就算回北京演出,他也不能住回自己家和妈妈团聚,经纪公司不许;他工资本来就不高,到了中国,还要被当作免费翻译使用。这样大的工作压力,明星们不崩溃才怪。

可见负面压力是非常可怕的，它足以把高智商的博士、硕士和风光无限的明星们都压垮。其实过大的压力对于我们的身心健康造成的损失是非常巨大甚至难以逆转的。如心血管病、肌肉酸痛、胃病、头痛、失眠等。压力大可以使消化系统的血管变窄，以致出现胃壁黏膜炎症、胃溃疡和急性胃出血。早在19世纪，就有医生观察到人在忧愁、悲伤、焦虑、痛苦时，胃、肠蠕动减慢，胃液分泌减少，胃肠正常功能受到干扰，使人不思饮食。还会造成免疫功能的损害。

一项英国的实验将266名中年人暴露于一种普通感冒病毒之中，然后跟踪发病情况，结果在心理压抑较小的受试者中共有28.8%染上了感冒，但那些心理压力较大的受试者跃升为42.4%。紧张和压力会使体内具有防御功能的免疫细胞受到抑制，使平常状态下可以抵御的病菌有了可乘之机。抑郁和忧愁也会削弱人体免疫力，有一项研究提示，人在长期抑郁和忧愁状态时，40岁中年人的免疫细胞的活性与70岁的老人相同。

压力过大不仅损害身体，也会对心理健康造成伤害，导致一些心理疾病的发生。如焦虑、紧张、迷惑、急躁；情绪低落，失眠；疲劳感、情绪过敏和反应过敏；感情压抑，兴趣和热情减少，心情总是很忧郁、烦躁，好像总是有事情没有办完，永远不能享受真正的放松和休息；沟通和交流发生障碍，效果降低；有很深的孤独感和疏远感；厌烦和工作不满情绪；自信心不足，出现悲观失望和无助的心理。对生活和工作渐渐失去信心，仿佛看不到前面的希望……可见对健康的损害是相当大的。所以，现代职工要学会减压，才能保证身体的健康。

把压力从生活中完全抽离是不可能的。但是，学习一些处理压力的方法能够减轻有害的压力。处理压力的方法包括，正常饮食，经常锻炼，腾出一段时间、不受任何影响，多休息。

首先要了解自己的性格，其次要了解自身压力的来源，然后制订适合自己的压力缓解方案。下面这几点，可以作为一般的减压方法供大家参考：

(1)要注意保持充分的休息，睡眠要充足，而且最好是早睡早起，尽量避免熬夜。

(2)用假想的轻松生活对抗真实的压力。如果工作和生活的压力实在太大,没有时间去做,那么你不妨展开自己的想象,随着思绪去那些你所喜爱的地方,做你喜欢做的事,比如在海边看落日,在山上高歌,到草原上骑马等,这些想法能让你的大脑放松,达到放松精神的目的。

(3)随时随地地活动,根据时间的长短,你可以选择不同的运动方式,如办公室瑜伽、伸展运动、爬楼梯、乒乓球、羽毛球都是不错的选择;即使时间很紧张,没有整段时间来运动,你也可以借收拾办公室、打水的机会小小地放松一下,伸伸懒腰,甚至可以尝试站着看文件;在打字累了的时候还可以做做手指操,等等。

(4)尽量避免采取那些有副作用的消遣方式,如看一晚上电视直到犯困为止,或者借酒解乏,通宵打牌,这些方式都会让你第二天更感疲劳。

(5)向朋友或家人宣泄感情,或者写下自己的感受都有利于缓解精神压力。至少你不会感觉孤独无助。美国的医学专家曾经对一些病人进行分组研究,一组人用敷衍塞责的方式记录他们每天做的事情;另外一组被要求每天认真地写日记,包括他们对所患疾病的恐惧和焦虑。结果研究人员发现,后一组很少因为自己的病而感到担忧和焦虑。

(6)试着全身心地投入另外的事情,比如编织、缝纫、手工 DIY、拼图、读小说、唱歌等,这些都是很好的休息方式,不要去向这些事情要结果,要知道,你享受的是放松的过程。专家曾说过,全身心地投入一种安静而不带竞争性的活动,能让你通过转移注意力而松弛下来。

(7)远离那些讨厌的声音。不管是同事八卦的无聊“新闻”或是老板一会儿说你这不行一会儿说你那不行,这种声音都会给人带来压力。不妨打开 MP3 听点轻音乐,让美妙的音符去帮你隔绝这些讨厌的声音吧。

(8)能笑的时候要尽量笑。当感到疲劳时,不妨想一些好笑的事逗自己笑,或者和身边的朋友一起说些笑话,大家哈哈一笑,气氛就很容易活跃了,自己也放松了。事实上,笑不仅能减轻紧张,还有增进人体免疫力的功能。

(9)从身边的一些小事上找乐趣。比如:站起来向窗外眺望,仔细观察远处某个东西,一直盯着远处某个人看;把一张纸揉成一团,像投篮一样把它投进纸篓里去;双脚蹦着上下楼梯,如童年时做小兔子游戏时一样；估计走到饮水机、洗手间或门口需要多少步，走走试试，看看你猜得对不对；用怪调唱歌，模仿某个有特点的人说话，等等。这些看似有点无聊、有点幼稚的举动会让你忘记眼前的事务，心情也能得到放松。总之，我们要寻找到适合自己的减压方法，随时随地给自己减压，维护身体的健康，也保证生活的幸福。

5. 杜绝熬夜，每天睡个好觉

睡眠是健康的巨大源泉，充足的睡眠是保障健康的重要一环。常言说"吃得好不如睡得好"，说的就是这个道理。

人们为什么需要睡眠？这问题好像有些多余，古往今来，每个人都是要睡眠的。不仅人类要睡，动物也要睡。一直以来，睡眠的真正原因是什么？又为什么在晚上要睡眠的问题，目前科学家还没有一致的结论，通常认为：睡眠是脑和整个神经系统乃至全身最彻底的一种休息方式。人的一切活动都是在大脑这个司令部的指挥下，通过遍布全身的神经进行的。脑细胞在消耗大量能量之后，出现了疲劳。疲劳的脑细胞会主动从兴奋转入抑制，这是我们身体的自卫和自我调适的本领之一。这样，经过一段时间的睡眠，使能量重新积累，疲劳消除，就有利于明天的学习和工作。

睡眠作为生命所必需的过程，是机体复原、整合和巩固记忆的重要环节，是健康不可缺少的组成部分。人一生中有三分之一的时间是在睡眠中度过，五天不睡眠人就会死去，可见睡眠是人的生理需要。睡眠作为生命所必需的过程，是机体复原、整合和巩固记忆的重要环节，是健康不可缺少的组成部分。甚至可以武断地说：没有好睡眠就没有健康，没有好的睡眠也就不可能有好的身体状态。

但实际上，有很多员工睡得并不充足，怎样才能睡得好呢？首先，要养成按时入睡和起床的良好习惯，遵循睡眠与觉醒相交替的客观规律。这样，就能稳定睡眠，避免引起大脑皮层细胞的过度疲劳。严格的作息制度对于像睡眠和觉醒这类生理过程来说意义也是很大的。要养成以下良好的睡眠习惯。

(1)养成按时入睡和按时起床的好习惯。提倡晚上 10 点到 10 点半入睡最为合理，浅睡一个小时到一个半小时后进入深睡眠是最科学的。晚上 12 点到次日凌晨 3 点是深睡眠的黄金时段，如果这三个小时睡得好，早晨醒来一定会精神焕发。

(2)拒绝赤裸上身睡觉：赤裸上身睡觉容易因受凉而发生腹痛，腹泻；夏天时赤裸上身睡觉皮肤吸收的热量会增加，排出的汗水则会迅速流失掉，达不到通过汗液蒸发散热的作用。

(3)拒绝睡前看场面激烈的影视剧和球赛或谈怀旧伤感及令人恐惧的事情。

(4)拒绝晚餐吃太饱或睡觉前吃东西，以免加重胃肠负担。

(5)拒绝他喝浓茶与咖啡。以免因尿频与精神兴奋影响睡眠。

(6)天天坚持午睡。午睡具有缓解疲劳，恢复精力的良好效果，所以每天都得进行一次小睡觉。首先要保证午睡质量，午睡半个小时至一个小时最为适宜。如果午睡超过一个小时，就很容易打乱生物时钟，影响正常的晚间睡眠。其次是午睡要固定时间，午睡时间不规则也会打乱生物钟，影响睡眠规律。一般来说，每天午饭后稍息片刻即午睡，天天如此，养成相对固定的时间习惯。

员工自己一定要注意做到不熬夜或是少熬夜，保证充分的休息时间，才能保证身体的健康。有些员工下班后本来没有什么事，但不是上网瞎逛就是看电影玩游戏，经常是通宵作战，不仅严重影响工作，更会极大地伤害我们的健康，实在是得不偿失的事，一定不要再这样了，到时候后悔的是自己。

6. 赶走失眠，别让失眠伤害健康

失眠是人类身心健康的一大“隐形杀手”。长期睡眠不足，大脑得不到足够的休息，经常有头疼、头晕、记忆力衰退、食欲不振等现象。长期失眠甚至令年轻女性出现面色灰黄、皱纹增多等早衰现象。有些失眠者的免疫力也受到很大程度的损害，最终引发高血压、溃疡病等严重健康问题。睡眠障碍也与躯体疾病密切相关，长期睡眠障碍是导致慢性疲劳综合征、高血压病、冠心病、糖尿病、脑血管病的重要原因之一。因此，失眠抑郁症被世界卫生组织誉为21世纪危害人类健康的头号杀手。

我们常常见到，有些已过不惑之年的妇女，依然体态轻盈，脸色红润，肌肤光洁润泽，精力充沛，风韵犹存。而有些年仅30年出头的少妇，却神采黯然，脸色晦暗，眼圈黑晕不退，皮肤皱起，时感精力不济，萎靡不振。尽管两者的营养状况、工作环境、家庭生活都不相上下，而肌肤容貌、健康状况却大相径庭。其中重要的原因之一，就是睡眠。前者大多睡眠时间充分，睡眠质量又好；后者则经常熬夜而睡眠不足，或睡眠质量不高及常常失眠。这才出现了容貌的天壤之别。可见失眠也是加速衰老的助推器。

人为什么会失眠？据科学家研究，人脑中有一种“睡眠中枢”。脑细胞的兴奋和抑制是相互协调的，大脑需要兴奋，也需要抑制，以免失掉平衡而破坏神经系统，造成脑波紊乱，引起神经衰弱而带来失眠。现代上班族由于长期过度用脑，使神经长期处于紧张状态，脑内释放的兴奋物质过多，导致神经系统超负荷工作，使大脑的兴奋状态难以得到正常的修复和抑制，因而易患神经衰弱和失眠。

失眠不仅是指睡不着觉，入睡困难、多梦、睡不着，醒得早，白天犯困没精神、睡眠质量不高的现象都属于失眠。

晚上睡不好，日间工作效率降低，疲劳操作引发重大事故，经济损失难以估量，家庭、社会负担沉重……这一连串的“恶果”皆由失眠而起。长期失眠还会产生焦虑症和抑郁症，而这两种病症的第一表现就是失眠。98％的焦虑症和抑郁症患者伴有失眠，有了失眠经历，睡觉时就更紧张，总怕自己睡不着，反过来失眠又会使人情绪低沉、急躁、紧张、易发脾气，甚至会引起其他健康问题，继而影响睡眠质量，造成恶性循环。

失眠对健康的危害是严重的，主要有以下方面：

(1)削弱机体免疫力。长期睡不好觉，新陈代谢容易失衡，机体生理活性的有害物质会积聚在体内各个组织器官内，这样就会减少各种免疫物质的分立以署脯弱白细胞、巨噬细胞的吞噬能力，身体免疫力会因此下降，从而难以抵御疾病的侵袭。而且有睡眠障碍或是上夜班的人，更容易增加患癌的概率。

(2)加速人体衰老。熟睡时分泌的生长激素是白天的5～7倍，睡眠时进入肝脏的血流量是站立时的7倍多，而且人体进入熟睡状态后，机体会给肌肤提供源源不断的充足营养，这样有利于保持肌肤的健康和弹性，让人容光焕发。可是，对于经常失眠的人来说，生长激素分泌会减少，肌肤血供会严重不足，这样极容易影响肝脏健康，让人面色无华，形体憔悴，过早地衰老。

(3)增加意外事故。长期失眠容易降低人体的注意力、记忆力和反应能力，不仅工作效率会大大降低，工作出差错的可能性也会增加。

(4)导致性功能障碍。人体性活动受大脑高级神经中枢的调控，而性功能又容易受到情绪的影响。一个忧愁苦闷、焦虑不安的失眠者，其性兴奋最容易受到影响。如果再长期服用镇静安眠的药物，更会对性兴奋与性功能产生强烈的抑制作用，增大职业男性患阳痿的可能性。而且医学研究也已证实，“睡不好”通常是疾病的征兆，而且长期睡眠不足还会引发种神经系统以及器质性病变。

(5)引发心理失衡。曾有多起报道说到，一些失眠者因为漫漫长夜无以打发，几欲自杀。可见失眠对一个人的心理摧残也是极为严重的。失眠者更容易患上焦虑症、抑郁症等一些心理疾病。

失眠对上班族带来的危害和影响显而易见,不但造成工作效率低下,精神萎靡,情绪低落,还会影响生活质量,长期失眠对人体内脏器官的损害也非常大。近年来相继发生的多起社会精英过劳死、英年早逝,多数与长期失眠或睡眠不足有关。所以,要学会安睡之道,养成良好睡眠习惯,天天安睡,不让失眠找上门,才能更健康、更精神。以下是摆脱失眠困扰的几种方法,受失眠症困扰的员工不妨一试:

(1)放松心情,愉快入眠。我们不是因为紧张和琐事妨碍我们放松才睡觉的。记住心理学家的建议:努力活在今天,不要让头脑塞满过去痛苦的回忆或者未来悬而未决的问题。清理自己的愤怒、委屈和妒忌这些负面情绪。因此,晚上头脑里不要想复仇计划,最好想些愉快的事。

(2)播放音乐或制造噪声。与其他古典音乐比起来,莫扎特的音乐最具有治疗失眠的功效。它可以使血压和脉搏正常,降低神经紧张。不过如果你不是他的音乐爱好者,睡前也可以听其他舒缓的器乐曲。最好乐曲里有波浪拍打岸边的声音,海鸥的叫声——它能使你很放松。如果这些都不起作用,那就打开电风扇,单调的嗡嗡声会使你昏昏欲睡。

(3)做好入睡前的准备工作。入睡前的活动直接影响着人的睡眠效果。入睡前 20 分钟用温水泡脚或做足穴按摩可以促进睡眠。此外,睡觉前不要吃得太饱,不宜喝咖啡、浓茶、酒等。

(4)泡个香精油澡或者海盐澡。放松一下水温不要超过 37 摄氏度,泡 10～15 分钟即可。然后马上进被窝。

(5)看无聊的书或者电视节目。睡前将大脑快速填满(类似一晚上记住很多外语语法)。一个有趣的事实:当我们觉得不感兴趣和无聊时,血压会降低,精神萎靡,非常想睡觉。相反,当我们专心致志时,我们感觉不到疲劳。因此,专家建议失眠者不要晚上工作或者看有趣的节目。

(6)睡前吃些鱼子酱或感受一下寒冷 。以用芥末就着鱼子酱吃——这种方法帮助很多人很快入睡。也可以试另外一种方法,虽然有些残忍,但很有效:离开被窝,冻一段时间,忍耐一下,哪怕已经打哆嗦了,然后盖上被,这种感觉如同冷天你被窝里放个热水袋一样惬意。

(7)睡前喝杯温牛奶或温蜂蜜水。失眠者在“药补不如食补”的今天,如果采用得当的食疗方法,会有助于睡眠。温牛奶或温的蜂蜜水,大多数人喝过后会像小孩一样甜甜睡去。

(8)尽量不要依赖药物。许多人常用的对付失眠的方法就是吃安眠药物,但是这一方法是失眠症研究人员最不提倡的。因为目前治疗失眠的安眠药,尤其是西药,长期服用会让人对它产生依赖,失眠者一旦停用,将导致失眠情况更加恶化,甚至还会出现焦虑、激动、震颤、头痛、眩晕、肌肉抽动、食欲减退、恶心和呕吐等症状。因此,安眠药只能是在必要时才使用,且是暂时的,不可长期服用。

失眠就像一个恶作剧的孩子,你越担心它、越恐惧它,它就越会出现。因此,淡化失眠是对付它的最好办法。让一切顺其自然,失眠自然就会离你而去。

7.提高健商,保持身体的健康

俗话说,身体是革命的本钱,健康的身心是我们做好一切工作的前提和基础。一个真正优秀的员工,一定也是一个身心健康、充满活力的人。

一位哲人说得好,"第一是健康,第二才是财富"。身体健康才是最大的资本和财富。不管你有多么成功、有多少财富,如果以牺牲健康为代价都是不值得的。正如《圣经》上所说:"人若赚得全世界,却赔上自己的生命,又有什么益处呢?"

美国的石油大王洛克菲勒,在23岁时就开始全心全意地追求他的人生——财富,没有时间去玩乐、休息、锻炼。他35岁赚到了第一个100万,43岁时建立了世界前所未有的垄断企业一标准石油公司。但是,在他53岁的时候,高度紧张的生活已经破坏了他的健康,他的睫毛、头发掉眉毛只剩淡淡一绺,得了消化疾病。这时候他才猛然醒悟,觉得自己失去了健康,就会失去一切:亲情、友情、爱情,当然还有财富。

于是,洛克菲勒在医师的建议下放弃了财富,选择了退休。从此开始真正去生活,打球、玩桥牌、唱歌、整理庭院,做公益慈善以帮助别人。这使得他得以重生——53 岁时就快要死的他竟然多活了 45 岁,以 98 岁的高龄谢世。

有了健康,才拥有幸福的生活;有了健康,才拥有充满阳光的世界;有了健康,才能快乐工作追逐梦想;有了健康,才拥有事业的灿烂与辉煌。健康是生命的源泉,健康是事业的先决条件,是工作的原动力,更是幸福快乐的基础,是一切财富的统帅。金钱、房子、车子、名誉都是身外之物,只有健康的身体美好的心情才是我们真正需要的。所以,我们不要以消耗健康为代价去赚取金钱和名利,过度地操劳,无节制地吃喝玩乐,为钱财、名利绞尽脑汁,为不顺心的事郁郁寡欢,不断透支自己的健康,到最后悔之晚矣。健康是努力工作的前提,健康是幸福生活的根基,千万不能拿健康开玩笑,必须及早及快提高我们的健商才行。

健商(HQ),是健康商数(Health Quotient)的缩写,代表一个人的健康智慧及其对健康的态度。健商,从宏观上来说是指一个人已具备和应具备的健康意识、健康知识和健康能力,这三个方面缺一不可。从微观上说,健商可细化为体商(BQ)、心灵商(MQ)、人缘商(RQ)和性商(SQ)。

健康绝不是一个人理所当然的财产,动手检验一下你的健商吧,看看你对自己的身体、自己的健康状态和健康未来,到底有几分了解。要知道在这个健商时代里,很多人的健商都很低,就像哲学家卡莱尔所说:“健康的人未察觉自己的健康,只有病人才懂得健康。”叔本华告诉我们:“在一切幸福中,人的健康胜过其他幸福,我们可以说,一个身体健康的乞丐要比疾病缠身的国王幸福得多。”为了健康,就要提高自己的健商,懂得获得健康的方法,当好自己的“健康管家”,让健康永远与自己相伴。

(1)要经常学习健康常识。要懂得一点养生之道,身体的康健关键就在于养。根据世界卫生组织分析判断,一个人的健康长寿 15%取决于遗传因素,10%取决于社会条件,8%取决于医疗条件,7%取决于自然环境,而 60%取决于生活方式。健康、长寿,是各种养生方法的结果。健康和生存,就靠养生,这是一个最普通的常识。不懂得养生,就没有健康,就没有生命，就没有一切。健康就是靠“养”出来的。

养生是中医的概念，又称摄生，乃护养、保养性命，以达长寿的意思。所谓生，就是生命、生存、生长的意思；所谓养，即保养、调养、补养的意思。总之，养生就是根据生命的发展规律，达到保养生命、健康精神、增进智慧、延长寿命目的的科学理论和方法。通俗地说就是将疾病消灭在萌芽阶段，达到《内经》所说的“治未病”的境界。养生之术，无病时用于预防，病时用于治疗，病后用于康复。

养生之道，自古以来，素为人们保健防病所重视。健康与长寿乃人类的共同愿望，随着人们物质生活水平的提高和精神需求层次的上升，健康与长寿日益成为人们普遍关心的问题。因而养生也越来越受到人们的重视。

中医养生讲究四时阴阳，春生、夏长、秋收、冬藏，这是自然界的规律。人应该顺应大自然的规律，比如，春天的时候，要有一种生发之气，被发缓形，夜卧早起。冬天不能太张扬、太发散，万物处于秘藏。中医养生主张因时、因地、因人而异。

中医养生包括形神共养、协调阴阳、顺应自然、饮食调养、谨慎起居、和调脏腑、通畅经络、节欲保精、益气调息、动静适宜等一系列养生原则，而协调平衡是其核心思想。只有身体各方面都平衡了，就是健康的。

(2)要坚持运动。经常而适量的运动，将最大限度地激活人体各系统、各器官的潜力，促进体质的增强，使身体机能长期处于最佳状态。

据科学家研究证明：经常从事体育运动有益于全身各个系统的调节，可改善肌肉、心血管、呼吸系统功能，提高神经、内分泌和免疫调适能力，改善亚健康状况。从而达到人体形态结构(体格、体形、营养状况、身体成分)、生理功能(机体新陈代谢水平、各器官、系统的功能、抵抗疾病能力)、运动能力(跑、跳、投、攀爬等运动能力)的完好状态。使人精力更加充沛，工作效率提高。

(3)要懂得劳逸结合。不能整日拼命地工作而忽略了健康，事业与健康是没有可比性的，没有健康的身体，何谈事业？

所以，要努力工作，更需要适时休息。张弛有度，劳逸结合，才是养生的真谛。

(4)要善于饮食养生。食物不仅是我们赖以生存的基础，也是世间最好的医药。合理的、恰当的、适合自己的饮食就是最好的养生。然而由于生活水平的提高，食物越来越丰富，人们摄取的能量也越来越丰盛，人们轻易地就能获得人体一天所需的能量。于是，人们开始忽略合理饮食的重要性，不吃早餐，随意解决午餐，乱吃零食，暴饮暴食……这些就破坏了原本规律的饮食习惯，长期持续下去，就会造成身体不适，从而出现疾病。所以要学会养成良好的健康的饮食习惯，均衡饮食，才更有利于健康。

(5)要学会掌握取舍的艺术

经常清除生命和心理的负担，因为不能舍弃，因为不能放手，我们面对了多少纠结无解的痛苦？明明知道有些就是错误的执著，却还是深陷于无法自拔的困境中。其实，这些看似无解、凝滞的痛苦与困境，往往是我们自己在作茧自缚。如果懂得了舍弃和放手的智慧，生命于每个人都会展现美丽的景象和无限的精彩。

第七章

会感恩：知恩感恩，珍视所有

感恩是生活的智慧，是做人的根本，也是幸福的秘诀。只有懂得感恩的人，才能深刻体会到当下拥有的幸福，才能感到满足，从而更加珍视所有，更加乐于付出。一个懂得感恩的人，一定是一个真诚待人的人，一个有情有义的人，一个内心富有的人。

1.

感恩是生活的智慧

“感恩”一词最初来自基督教。其本意是要信徒感谢主为了拯救世人所做的牺牲而被钉十字架，感谢主的慈爱与宽容，感谢兄弟姐妹的支持与帮助等。所以，不难理解，感恩必然能够促使人们扩充心灵空间的“内存”，让人们逐渐仁爱、宽容起来，并减少人与人之间的摩擦，化解人与人之间的矛盾，缩短人与人之间的距离，增强人与人之间的合作。

“感恩”不同于一般意义上的感谢，感恩应该是更深层意义上的，发自内心的一种生活态度。从古到今，关于感恩的名言数不胜数：“滴水之恩当涌泉相报”、“吃水不忘挖井人”、“谁言寸草心，报得三春晖”、“一饭之恩，当永世不忘”等，太多的名言警句，只为告诉我们，做人要懂得感恩，要珍惜我们所拥有的。世界万物给予我们恩惠，我们应该感谢他们；父母生养我们，我们要感谢他们；老师教育我们、亲人关心我们、同事支持我们，这些都是我们应该感谢的人，是他们一直在我们身边，才让我们一天天成长，一天天成熟。甚至那些曾经有意无意伤害过我们的人，我们也要感谢他们。是他们教会了我们品尝生活的苦难，让我们感受到了生活的残酷，是他们的伤害让我们知道要从苦难里勇敢站起来，面对自己的生活。

感恩是生活的智慧，只有懂得感恩的人，才会懂得让人生变得富有的智慧，才有可能得到最大的快乐和幸福。

一位农民经过几年的精心培育，终于栽培出一种新型的南瓜，第一年试种，销路非常好。第二年，他将自己的瓜种无偿地分给周围所有的农民。他说，自己能够培育出这瓜种，离不开乡亲们平时有形无形的帮助和鼓励。当有人担心大家都种，这种新型瓜就不值钱了的时候，他却显得信心十足。他说，大家都种这种瓜，当蜜蜂授粉的时候，就不会有新型瓜的花粉被其他稍差的花粉所污染，这样一来，大家的瓜都会更好。

感恩是通向智慧人生的一堂必修课，它会滋养温暖、自信、善良、热情、亲切等珍贵的品格。懂得感恩的人，任何时候都会快乐，都会开心，都会呵护别人，爱惜自己。他们才是真正懂得生活的真谛的人。

美国前总统罗斯福一次家中失窃，被偷去了很多东西，一位朋友知道后立即写信安慰他，劝他不要太在意。罗斯福给朋友写了一封回信说："亲爱的朋友，谢谢你来信安慰我，我现在很平安。感谢上帝：因为第一，贼偷去的是我的东西，而没有伤害到我的生命；第二，贼只偷去我部分东西，不是我的全部；第三，最值得庆幸的是，做贼的是他，而不是我。"

对任何人来说，失窃绝对是不幸的事，罗斯福却感谢上帝，而且还讲出了三条感谢的理由，这就是具有大智慧的人的思维。

西方哲学家蓝姆·达斯讲过这样一个故事：

一个病入膏肓，仅剩数周生命的妇人，整天思考死亡的恐怖，心情坏到了极点。蓝姆·达斯去劝慰她说："你为什么总是这样愁眉苦脸而不是笑对生活感谢生活呢？"

妇人很生气："我就快要死了，上帝要拿走他所赐予给我的一切，我怎么笑得出来？难道我还要感激不成？"

"是的，你是应当感激的！"达斯真诚地说："感谢上帝给了你那么多，而且现在还在给予你。你完全可以不要花那么多时间去想死，而把这些时间用来考虑如何快乐地度过剩下的时间。这些快乐就是上帝给予你的最后的快乐，你为什么不感激呢？"

妇人本来很生气，但她看到蓝姆·达斯眼中的真诚时，便慢慢地领悟到他话中的诚意。"你说得对"，妇人说"我真的应当感谢他，他给了我那么多美好的东西。我要好好地来总结一下我这一生的收获和快乐。”她略显高兴地说。

一个月之后，那妇人还是去世了。她在死前充满感激地对蓝姆·达斯说：“这一个月，我活得很快乐，比前一阵子幸福多了。”

“苦乐无二境，迷悟非两心”，感恩的心就会让我们化绝境为感谢，化困境为顺境，即便面对死亡，也能安然无憾。这就是生活的智慧，就是让我们安心、快乐、幸福的秘诀。

感恩是一种处世哲学，是生活中的大智慧。人生在世，不可能一帆风顺，种种失败、无奈都需要我们勇敢地面对、豁达地处理。英国作家萨克雷说：“生活就是一面镜子，你笑，它也笑；你哭，它也哭。”感恩并不仅仅是一种心理安慰，也不是对现实的逃避，更不是自欺欺人的精神胜利法。感恩，是一种歌唱生活的方式，它来自对生活的爱与希望，是把生活带上幸福之途的大智慧！

2. 感恩是做人的根本

感恩也是做人的根本。会做事不如会做人，会做人不如会感恩。一个不懂得感恩的人，是难以在这个社会上立足的。会感恩的人，其为人处世是主动积极的、乐观进取的、敬业乐群的。懂得感恩的人是一个人品德的重要体现。因为他懂得感恩，他就会知道如何去感谢自己的组织，感谢如何帮助过他的人，感谢父母的哺育之恩，这是其做人的一个基础。如果一个人心存感恩，那么他所有收获不仅仅是心灵的宁静，生活也会赋予他最大的回报，试想，一个心中不知感恩的人，永远也不会满足。不满足必产生一种不珍惜现在所有的情绪，怨声载道，怨天尤人情绪或多或少就产生了，忌妒便成了他们内心的火焰，在这种人的心态中，别人的成功与收获都是靠运气得来的，怨恨的情绪一旦高涨，立志的理想就一点一点地被这种情绪所吞噬。如此一来，又怎么能珍惜工作、热爱生活、心怀爱心呢？

曾有一个大学生前来招聘工作，公司给她出的题目不是高谈阔论，也不是书本上深奥莫测的知识，只是一个三岁小孩子都能答出的问题："请问你帮爸爸妈妈亲自洗过脚吗？有何感想？""没有！"这女孩子因为出自北京名牌大学高才生，自信嗓门就特大。但主考官却说："回去给你爸妈洗一次脚再来吧！"女孩子脸突然红到耳根退出了招聘室，招聘单位最后还是放弃录用。

感恩，不仅是一种感情，更是人之为人的本质特征之一。忘却感恩，人性就不存在，没人性的人与畜生又有何区别？还有谁比父母对我们的恩情大？一个连父母都不知回报的人，又如何让人相信他可以为企业付出、对工作热情呢？

一名初三的小女孩，因为和母亲吵架从家里跑了出来。她无处可去，只能在街上流浪。走了大半天，饥肠辘辘，又累又饿，看见大道旁有一个面摊，就在那里徘徊，想吃却又没有钱。

老板看出女孩是从家里跑出来的，知道她肯定没带钱，就盛了一大碗面给她。女孩吃完了面，红着脸又紧张又羞愧地说："叔叔，对不起，我没带钱。"

"我知道，没关系的。"老板平和地说："回家去吧。"

女孩愣了一下，万分感激地说："叔叔，您真是个大好人，太感谢您了！"

老板停了一下，低声对女孩说："一个陌生人给你一碗面吃，你就如此感激，那么你妈妈呢？她给你煮了多少面啊！你这样跑出来，她现在多着急呀！赶快回家去吧！"

女孩听了老板的话，眼中涌出了眼泪。她飞一般地往家跑，刚到胡同口，就见妈妈在那四处张望，焦急地等候，她扑到妈妈怀里："妈妈我错了。"母亲没有任何的指责："孩子，饭都快凉了，赶紧回家吃饭吧！"女孩泪流满面……

有很多人习惯了父母的呵护，习惯了亲人的疼爱，习惯了同事的帮助，习惯了朋友的迁就，甚至把这一切当作理所当然，根本没有想过回报。但实际上，生活中的点点滴滴，其实都值得我们感恩，都应当被我们铭记。

感恩是做人的一种基本道德。以感恩的心态活着，对自己好，对社会也好。古罗马时代的斯多葛学派的信徒，就常这样说：我从来不会失去，只会回馈。也就是说，他们把自己所有的一切，都视为别人的恩惠。这样活着，才有幸福和意义。而如今西方的成功人士，如比尔·盖茨和巴菲特，成功后最重要的事情，也是把自己得到的回馈于社会。事实上，比尔·盖茨的母亲从小就教育他：一切都是来自社会的恩惠，要想办法回报。

一个心存感激的人，最容易成功，成功后也最有可能帮助别人。那些把所得到的一切都视为理所当然的人，很难有效地利用别人的帮助，而且久而久之会养成一种依赖心理，觉得别人欠自己什么。

据报道，某市总工会与该市女企业家协会组织19位女企业家与22名贫困大学生结对：这些企业家承诺4年内对每个学生每年资助1000元至3000元不等。总工会还给受助学生及其家长发了一封信，希望他们抽空给资助者写封信，报告一下学习生活情况。可惜，其中5位大学生受助一年多，没有主动给资助者打过一次电话、写过一封信，更没有一句感谢的话，最后被取消受助资格。

此事如今已经是旧闻。但从中可以看出，有很多人其实还是不懂感恩，不明白感恩的重要，更不懂得感恩是做人的根本。不懂得感恩的人，最终只能让自己的路越走越窄，甚至无路可走。

知恩图报是做人最起码的道德。任何一个道德健全的人，都不会忘记别人对自己的恩情的。一旦自己有能力时，就真诚地回报对自己有恩的人，这既是做人的根本，也是内心最本真的流露。

知恩报恩也是中国传统道德的要求。“受人滴水之恩，当以涌泉相报”，这是中国人的做人哲学，也是一个人安身立命的根本。

他是个苦孩子，小时候因为家穷，出生不到一个月，父母就以 50 元的价格，把他卖给了一户同样的穷苦人家。

他的童年可谓是生在穷家，养在穷家。他在受冻挨饿，跌跌撞撞中长大。十二岁时，爱他的养母去世，十六岁时，养父去世。双亲的去世，让他成为一个没人管的孤儿。

十八九岁的时候，没有家的他，因为意气用事，在社会上打架被公安局抓去关在看守所好几个月。出来后，他在一家国营的奶厂当了一名洗瓶子工人。

他感念于这份工作，非常珍惜，在工作中总是捡最苦、最累的活干。他觉得自己从无家可归、没有经济来源的孤儿，到有一个可以让自己赚钱吃饭的企业，自己真的是太幸福了。

就这样，他用了 6 年的时间，让自己完成了从洗瓶工到副总经理的转变，又用 10 年的时间，把所在企业的牛奶打造成了全国驰名品牌。

在他事业最为辉煌时，因为他功高震主，企业高层有意无意地找茬儿来排挤他，最后上升到在该给的奖金和工资也没有兑现，无奈之下，他被迫离开原来的企业。

因为在原来的企业干了很多年，把美好的青春年华都留在这里了。所以，他对原企业非常有感情。所以，在离开之前，他非常悲痛，几近乞求地想留在集团下办个小企业，或开个餐厅什么的，可惜企业高层把这些路都给他堵死了。

失业后的他，用自己积攒的钱创业时，原来的企业在他创业过程中，对他百般阻挠、打压甚至还有计划地不惜重金地中伤他和他的企业，而他一直选择以德报怨，始终怀着一颗感恩的心，真诚地对待原来的企来，真诚地对待处处刁难的老总。

世事多变，几年后，他的企业越办越大时，他原来企业的老总落难了。他非但没有借此报复对方，反而往看守所捎去了一万元，还给原老总的母亲和妻子各 1 万元生活费。原老总的女儿要留学，向“最不应该求助”的他求助时，他不计前嫌，资助了对方二三十万元……

这个人就是蒙牛的创始人牛根生，他的容忍与大度感动了很多人。特别是他的感恩精神，更是激励了很多人。2002年年底，他还拿出自己在蒙牛的年薪和红利发了伊利1998年所欠员工一年的工资，替原企业老总把这笔“债”全部还上了。

牛根生流过两次泪，都是缘于感恩于政府的帮助。他的两次流泪，是对感恩的最好诠释。

1997年年初，伊利雪糕卖火了，却干着急运不出去。后来经过多方协调，铁道部特批后，为伊利下拨了20多组机保冷藏列车。消息传来，群情振奋，斗志昂扬。在冷冻食品公司例会上，牛根生激动地向大家宣读铁道部文件的时候，当着40多人哭得泣不成声。

第二次是在2004年，当牛根生与投毒恐吓分子苦战三周后，得知自己写给总理的请求维护企业安全与百万奶农利益的信，得到总理批复的时候，他哭得像个孩子……

因为感恩广大消费者、奶农、员工、员工亲属、各界朋友，在2003年11月23日，蒙牛举办了盛大的感恩节，主题为“给企业安装一颗感恩的心”。答谢邀请来的100名消费者代表、100名奶农代表、300名员工亲属、50名各分公司优秀员工及其他各界朋友，并颁发了有关奖项。从那以后，国际上流行的感恩节成为蒙牛的一个法定节日。

为了感恩社会，回报社会。蒙牛捐资1200万元抗击“非典”，向人民教师捐赠价值3000多万元的产品送健康；向赤峰地震灾区捐助价值30多万元的牛奶；向锡林郭勒盟地震灾区捐助价值30多万元的牛奶；寒门学子没钱上大学，蒙牛送去3万元；每年春节，牛根生都要带领公司领导在周边旗县访贫问苦，送米，送钱，送温暖……

牛根生用他这一颗真诚律动的感恩的心，养育了内蒙古的“蒙牛”，成长了中国的“蒙牛”。这只“蒙牛”也必然要走向世界！

感恩的人之所以容易成功，是因为感恩带给他们的爆发力。他们成功后也最有可能帮助别人。一个懂得感恩的人，才能成就他生命和事业的高度。

感恩是做人的根本。一个人只有懂得感恩，才能敬业工作，和悦对人，才能敬上谦下、帮左助右，才能成为最受大家欢迎的人，最值得信赖的人，你的事业就会在这种欢迎和信赖中，不断增大；你的人生也会在这样的欢迎和信赖中，不断丰富和精彩。

3. 感恩是幸福快乐的源头

如果你有一颗感恩的心，你会对所遇到的一切都抱着感激的态度，这样的态度会使你消除怨气，拥抱快乐，享受幸福。早上起来的时候，看到窗外的阳光，你会感恩；吃一块面包，你会感恩；接到朋友的电话，你会感恩；在树上看到一只鸟在唱歌，你会感恩；看到猫咪睡在你的床头，你会感恩；然后你的一天乃至你的一生，就在这感恩的心情中度过，那你还有什么不幸福，不快乐呢？

一位老者，写了一篇文章回忆一年来使自己受感动的人和事。他写道：有一天下雨，自己打着伞过马路时，忽然一个小伙子揽着他的胳膊挽着他过了马路，没等他说声谢谢，小伙子又返了回去，原来小伙子是专门为了护送他的；有一次，他到大商场买东西，一位中年妇女推开厚厚的大门，等他进了门才松开手，当同她道谢时，她送给他一个温暖的微笑；在图书馆看书时，因为坐在窗户旁边，服务员热情地说："老同志换个位置吧，窗户旁边有风容易着凉，身体可要紧啊！"这令人倍感亲切；他到银行取款，出门时，保安人员提醒他把钱放好，免得出现意外；他到医院看病，护士小姐把他搀扶上楼；他晚上坐公交车打瞌睡，一个女孩下车时说："大叔，别坐过站呀，坐车睡觉容易感冒。"这些虽然是人人可以做到的小事，仍然让人十分感动。我们应该用感激的心情多说些"谢谢你"。如果我们每人时时为别人伸一把手，多说一声"谢谢"；对给别人带来不便，多说声"对不起"，我们的社会就会更和谐，更能体会到人间的温暖。

感恩是快乐之源。人生有付出，就会有收获，如果我们以爱心去对待别人，别人也会以同样的爱心对待我们。感谢生活的人，生活才会给予他丰厚的回报。一个人口渴了，发现半杯水欣喜若狂是因为他感谢别人的给予，而抱怨的人下意识里首先是对他人的不满，甚至鄙视。一个不知感恩、不能感恩的人，不会拥有积极的心态，是不会快乐的。如果一个人热爱工作，热爱生活，懂得感恩，他将会收获意想不到的快乐。

国内一位学者李先生到美国出差，偶然在餐厅里看到两个小朋友正在写着什么，大的十多岁，小的七八岁。李先生感到有趣，就问："小朋友，你在写什么？"

"我们在写感谢信，每天都写，这是我们每天必做的功课。"李先生看到小朋友写的内容："昨天吃的比萨饼很香。""路边的野花开得真漂亮。""昨天妈妈给我讲的故事很有意思。""昨天爸爸给我买了一本书，很好看。"

李先生看了心头一震，这孩子写给妈妈的感谢信，不是专门感谢妈妈的大恩大德，而是让孩子在幼小心灵中感悟到点点滴滴的快乐和幸福。

感恩是快乐之源。学会感恩，我们就学会了宽容，也就不再抱怨生活，不再计较个人得失；学会感恩，我们便能以一种更积极的心态去回报我们感恩的对象；学会感恩，我们会怀抱一颗感恩之心，去帮助那些需要帮助的人们；学会感恩，我们就会摒弃那些阴暗自私的欲望，使心灵变得更加明亮清澈……还有什么比这更让人感受到幸福和快乐呢？不懂得感恩的人，绝对不会有幸福和快乐。因为感恩的心是人生快乐的源泉。一个人只有懂得感恩并领悟幸福快乐，才能真正体验人生的意义和价值，他的人生才会快乐。

前几年台湾金石堂排行榜第一的畅销书《乞丐囝仔》，短短时间就销售上百万册，书中内容真实感人，催人泪下。故事主人公，就是台湾十大杰出青年赖进东的事迹。赖进东出生在一个乞丐家庭，全家十口人大多有重度残疾，全靠乞讨为生。赖进东刚刚学会走路，就跟着姐姐乞讨，四处流浪，过着风餐露宿的生活，经常以坟地、庙宇为家，10 岁之后边读书边乞讨，总共过了 17 年的乞讨生活。身为长子的赖进东不但肩挑全家的担子，更努力求学，发奋工作，终能娶妻生子，经营事业。人生至此，是苦尽甘来、开花结果。

书中最后说："我一直相信天下没有白吃的午餐，虽然你付出了多少不一定会得到多少，但如果你不脚踏实地努力，那么你得到的也很快会再失去，因为轻易得到的东西不会让人珍惜。今天，我愿以最谦卑的心情跟大家分享我半生的人生经历，希望读者都能喜欢这本书。而我一直有个心愿，就是尽我的能力筹建一座多元化的孝亲公司、孝亲图书馆，这也是我写这本书的目的。当然，这个心愿实现起来不容易，但我相信只要努力，未来一定会完成这个梦想。最后，我要向在我生命中出现的人，献上我最诚挚的谢意。

——感谢过去曾经关照我的所有人士，以及我所有老师的鼓励、照顾、教诲，使我有今天。

——感谢我的老婆阿霞，感谢她愿意为这个世界上最不幸的家庭牺牲自己，这么长的时间，她一直陪在我身边，无怨无悔地陪我走过这段艰辛的路程。

——感谢我的父母，他们生我、养我，虽然两人都是重度残障，但我永远爱着他们，怀念他们。还有我最亲爱的姐姐，如果不是她卖身尽孝，如果不是她长期一直扮演我生命中的明灯，做我的精神支柱，阿进根本不可能活到今天。

——谢谢我的老板，他给我机会，让我可以在工作上一展所长。

——也要谢谢过去曾经嘲笑、侮辱过我的人，是因为他们的刺激，让我有了向上攀升的力量。

——我终可以说一声：谢谢你们，我没有辜负大家对我的期许。天无绝人之路，曾经的痛苦、委屈、折磨，曾经我走在遍布荆棘的漫漫黑夜长路，而终有这一天，我望见了希望，走出了自己的人生道路。"

赖进东的事迹十分感人，这告诉我们：什么样的人最幸福，有人会毫不犹豫地说，拥有快乐心情的人最幸福！怎样才能拥有快乐的心情呢？那就是让自己有一颗感恩的心。

我们只有学会了感恩，才能真正快乐起来。拥有了感恩之心，我们才会拥有平和的心态，才会拥有"宠辱不惊，看庭前花开花落；去留无意，望天上云卷云舒"的恬淡与从容。一个职员拥有了这种心态，他就能带着阳光、带着幽默、带着愉悦的心情去对待身边的每一位同事，互相都能发现对方的优点，互相都能为对方鼓掌，通力合作，不相互拆台，不钩心斗角。

在如此心境下工作，我们自然是充实的、快乐的。我们就觉得时间如白驹过隙，绝不会有度日如年的煎熬。拥有感恩之心，就能快乐地工作，就能充分挖掘出我们蕴藏的活力、热情和巨大的创造力，就能创造出更大的价值和更多的财富，就能进一步提升自己的境界。

所以，要想让人生幸福、快乐、精彩，就要有一颗感恩的心。如果我们每个人以一种感恩的心情来看待身边的人和事，来看待这个世界，一定会觉得周围的人很可爱，这个世界很美好，快乐油然而生，你会觉得生活精彩无限！

4. 知恩感恩,一切都是给我的恩惠

感恩不仅是生活的智慧,它更是一种境界、一种胸怀、一种知恩感恩、知足惜福的态度,一种善于发现美并欣赏美的道德情操。但是,只有知恩才会感恩。不知道恩惠在哪里,恩惠来自于何处的人,如何会懂得感恩呢?所以,懂得感恩的人,有一颗感恩之心的人,会把一切都看作是恩惠,因而对一切都满怀感激。

有一次佛陀跟修行者们走在路上,佛陀看到地上有一堆白骨,佛陀就很恭敬地对这些白骨礼拜,修行者不解,问佛陀:"为什么要对这些白骨礼拜?"佛陀告诉他们:"这些白骨可能是我们过去生的父母,或者是我们的祖先,我们应该礼敬。"

佛陀又教修行者把白骨分成两堆,一部分是比较白的骨头,一部分是比较黑的骨头。修行者又问佛陀:"为什么这些骨头会有这样的差别?"佛陀告诉说,比较黑的是女性的骨头,比较白的是男性的。为什么女性的骨头会比较黑?因为母亲怀胎十月,在这十个月之中,胎儿的营养都是由母亲体内的血液提供的,当血液中的营养不足时,就必须从母亲的骨头中渗出来供给胎儿,所以为人子者一定要报慈母恩。

修行者们明白了,原来父母的恩情这样伟大。

心存感恩的人,会把任何美好的事物看成一种恩赐、一种馈赠,因为接受恩惠而感恩,所以会更加懂得恩情的可贵,更加珍惜恩情的难得。

古代有个孝子叫韩伯俞,他的母亲在他犯错的时候,常常都会教诲他、打他。后来他长大成人了,再犯错的时候,他母亲还是会教训他。

有一次母亲打他，他突然放声大哭，母亲很惊讶，因为几十年来母亲打他，他从未哭过，为何今天突然哭起来？母亲就问他："你为什么要哭？"他回答说："从小到大，母亲打我，我都觉得很痛，也可以感受到母亲为了教诲我才这样做。但是今天母亲打我，我已经感觉不到痛了，这代表母亲的身体越来越虚弱，我奉养母亲的时间越来越短，想到这里我不禁悲从中来！"

这才是真正知恩懂恩的人，才是真正明白恩情、并懂得报恩的人！这样的人不管面对任何事情，都以一种感恩的情怀来对待，把世间的种种都当作上苍给予我们的恩惠。这样的人，即便在任何困境下，也能感受到比别人更多的幸福。

有两个人在沙漠中行走多日，在他们口渴难耐之际碰到一个赶骆驼的老人，骆驼上放着一大皮袋水。于是他们便向老人讨碗水喝，老人却仅给了他们每人半碗水。其中一个人在老人走后，一个劲地抱怨老人吝啬，有那么多水，却只给半碗，一怒之下，他竟将半碗水泼掉了。另一个虽然也知道这半碗水并不能完全解除饥渴，但还是怀着感激之情喝下了这半碗水。结果，他们又往前走了很远也没碰到水源，而前者因为拒绝喝半碗水死在沙漠中，后者因为喝了这半碗水，终于走出了沙漠。

老人施舍的分明是一种爱心，而后者喝下的也是一种感激，正是这种感激，才支撑着他走出沙漠。生活中我们也应该学会感恩，感激父母给了我们生命，感激国家给了我们和平，感激路人给了我们帮助，感激……生活中需要感恩的事实是很多。所有的一切，其实都是生命给予我们的无上的恩惠。当你抱着这样的想法生活的时候，生活必然变得大不相同。

一位资产过百亿元的总经理，他平时非常节俭，不但穿着普通，在饮食上也不讲究。除了在饭店宴请客人外，他几乎没在饭店吃过饭。

有一次，公司里开班车的司机因病请假，他就代司机开班车接送员工上下班。有位新来的员工到公司后，高兴地向同事们炫耀："嗨，咱们公司雇的这个司机，人太好了，我说让他把车停哪儿他就停哪儿。"

当同事告诉新来的员工，那位"好"司机是总经理时，新来的员工大惊，说道："怎么会呢，他穿得那么普通，没有一点老总的架子。"接着不解地问："他那么有钱，怎么这么低调啊。"

"要想弄明白原因，你有时间去他办公室看看，就知道了。"同事回答道。

原来，在他办公桌的玻璃板下，一直压着一张10元的钱币，这张10元钱币，已经伴随他很多年了。关于这10元钱，还有一个真实的故事。

早在总经理上学时，作为家里经济顶梁柱的父亲因病住院，家里经济十分拮据。总经理为了给家庭减轻经济负担，每天吃馒头、咸菜度日。

家里年近80岁的老祖母，从他的同学那里得知他在学校的情况后，在炎热的夏天，到别人收割后的麦田里去拾麦穗，才换来了这10元钱。

就这样，在总经理最困难的时候，老祖母让人把这带着汗水的10元钱捎寄给了他。当他知道了这10元钱的来历后，眼中含满了泪水，他当然舍不得花去这珍贵的5元钱，而是永久地收藏了这张10元钱币。工作之后，他始终带着这张纸币，时时激励自己努力工作。

别看他对自己这么"苛刻"，但他非常舍得为别人花钱，每年他做慈善的花费在百万以上，还用自己的工资资助着几十位贫困山区的孩子上学。

当身边的朋友问他："你赚那么多钱，自己不好好享受生活，不觉得亏待自己吗？"

他笑着回答："我觉得自己现在的生活很好呀，能吃饱，有住的地方，有能力帮助别人，更重要的是，有人愿意接受我的帮助。我不但不觉得是在亏待自己，反而觉得自己是最幸福的人。"

世界上最有福气的人，不是拥有金钱最多的人，而是懂得惜福的人。一切都是恩惠，一切都值得我们感恩不已。这样的情怀，必然会使我们更加珍惜一切，更加感恩一切。

《圣经》中有这样一个故事：约伯遭遇到空前的灾难，儿女都死去了，财产也被掠夺一空，他自己也全身长满了疮，只能坐在炉灰中用瓦片刮痒。然而，就是在这样的环境中，他却仍然心存感激，感谢苦难使他认清了至高的神。这种感恩的心最终使他脱离了苦海。

当你怀着感恩的心时，会像故事中的富豪一样，珍惜你所拥有的一切。只要你学会对已经拥有的事物表达感激时，你会发现，它会一直持续地增加。

作为一名职业人，我们要感谢从事的工作，它不仅给予我们生存的物质，还为我们提供了展现人生价值的平台，让我们人生阅历得以丰富，让我们人格得以磨炼，让我们的聪明才智找到萌芽的乐土；对领导、同事，我们也要心怀感恩，我们的进步离不开领导的支持与信任，个人的力量再大与团队比，总是渺小的，社会性的竞争，没有团队凝聚力，怎能胜出？只有共同努力，团结协作，才能创造辉煌业绩。

对公司我们要心怀感恩，因为企业为我们提供了较为优厚的待遇和物质生活保障，更为我们追求卓越提供了锻炼的平台，有了平台，我们才能展示魅力，才能展示聪明才智。

对同事和领导我们要心存感恩，若没有领导的信任支持，我们的努力最有可能是一场空。当然，对同事，我们也要心怀感恩，个人的力量是渺小的，在竞争如此激烈的今天，要成功还得仰仗团队的力量，凝聚产生力量，团结引爆光芒，我们只有把公司的“蛋糕”做大了，个人才会得到更多。

对比自己弱小的人，也要真诚地感恩。比自己弱小的人给予自己的哪怕是一点一滴的帮助，这样的人也是不应轻视、不能忘记的。为了感恩，我们说一声“谢谢”，打一个电话，送一张贺卡，写一封信，进行一次拜访，搞一次聚餐，送一份礼物等，都会因为彼此的真诚，体会到人与人之间的情谊，而成为人间的甘泉。

5. 以德报怨，永远以感恩的心对待别人

感恩是人类一种美好的感情，是人的美好心灵和高贵之处所在，是人与人之间道德良性互动的润滑剂。懂得感恩的人，往往是有谦虚之德的人，是有敬畏之心的人。真正的感恩，并非只是对需要我们感谢的人感恩，不论对于任何人都会怀抱感激之情，哪怕是对敌人甚至仇人。

相传，古印度有位英勇无敌的王子，某次征战获得重大胜利。在盛大的庆功宴上，王子谦逊地举起酒杯，向前辈、大臣、在座的将士以及黎民百姓，一一表示感谢，甚至连为他牵马的仆人也没有忘记，这使得大家深受感动。此时，坐在他旁边的老国王提醒他："我的孩子，还有一个重要的人，你还没有向他致谢呢。"王子怔了半天也想不出，只好向父王请教。老国王郑重地说："你的对手和敌人。"

是的，对手和敌人甚至仇人也值得我们感恩。怀着一颗感恩的心，来面对伤害你的人、欺骗你的人、鞭打你的人、遗弃你的人、绊倒你的人、斥责你的人，他们不再是原来那么凶狠的样子，他们变得多么亲切和友好。

有首诗写道：

感恩伤害你的人，
是他们，磨炼了你的意志；
感恩嘲笑你的人，
是他们，激发了你的自尊；
感恩鼓励你的人，
是他们，让你信心十足；

感恩授予你知识的人，
是他们，照亮了你前进的路；
感恩哺育你的人，
是他们，让你衣食无忧；
感恩帮助你的人，
是他们，给了你生活的希望。

是的，他们都值得我们用心感谢！感谢伤害你的人，因为他磨炼了你的心智，使你懂得以坚强的意志去捍卫自尊和权益，免受伤害；感谢欺骗你的人，因为他增进了你的智慧，使你学会辨别事物的好坏丑恶；懂得学会保护自己，防止再次受骗；感谢绊倒你的人，因为他强化了你的双腿；使你有着强壮的体魄，义无反顾，奋勇向前，迎着光明广阔的大道攀上成功的巅峰；感谢遗弃你的人，因为他教导了你该独立，使你懂得自食其力，自给自足，而不再依附别人而赖以生存。

我们永远都要心怀感激，哪怕遭受挫折，哪怕受到冤屈，哪怕面对仇敌。以德报怨，不仅是善良的表现，更是人格的力量，是成功的基石。

南非的民族英雄曼德拉，因为领导反对白人对种族隔离政策而入狱。白人统治者把他关在荒凉的岛上27年。当1991年曼德拉出狱当选总统后，他在总统就职典礼上特别邀请了三个人，是他27年牢狱生活的三名看守人员。曼德拉在典礼上站起身来，向三个曾看守他的人致敬，他说，自己年轻时脾气很暴躁，正是在狱中学会了控制自己的情绪才活下来并有今天，他的牢狱生活给了他时间和激励，使他学会了如何有效地处理自己的苦难和痛苦，他必须感恩那些，也正是感恩之心唤醒了他内心的驱动力，让他不断地为自己的未来而奋斗。

以德报怨，对任何人都心怀感恩，不仅仅生活的智慧，是幸福的源泉，更是我们前进的动力。当一个人心存感激的时候，就会努力把工作做好，回报社会和他人，而且乐在其中。人在受人恩惠的时候，会获得温暖和动力；人在施人以恩惠的时候，会获得内心的愉悦和安慰。在这个循环过程中,个人的价值和情感都进行了一次复制和传递,由此价值倍增,彼此受益。

在领导批评的时候,要感谢他的教诲,以至在以后的工作中不会犯错;经历失败的时候,应该感激事业给了我们宝贵的经验,为了将来能取得更大的成绩做好准备;在遭到客户拒绝时,要感谢客户耐心听完了你的解说,才有了下次合作的机会。离开了工作,离开了企业对员工的帮助,我们将一无所有。是工作给了我们一切,我们应该对工作、对企业、对我们的领导和关心我们的同事持一种感恩的态度。

以德报怨,常存感恩之心,是一种高尚的道德境界,是人生最大的拥有,是事业成功的源泉,也是传递人间真爱最朴素的方式。

6. 心存感恩,懂得知足惜福

感恩是对生命恩赐的领略,感恩是对生存状态的释然;感恩是对现在拥有的在意,感恩是对有限生命的珍惜。它让我们以知足的心去珍惜身边的人和事物。让我们在渐渐平淡的日子里,发现生活是如此美好。心存感恩的人,才会收获更多的幸福和快乐,才能远离烦恼。

曾经有两个囚犯,同样被关在狭窄的囚室里。只有在夜晚,囚室小小的天窗才会打开一会儿。但两个人看到的天空却是不一样的,一个看到的是满目黑暗,这死沉沉的黑让他绝望,让他心如死灰,让他抱怨不停,因而做什么事情,他都没精打采,不久,他就形容枯萎,万念俱灰,以致沉疴难起,刑期还早得很时就不甘心地死去了。

而另一个囚犯看到的却是万点星光,满天的希望。他想到的是，多美的夜空啊，感谢上苍，每晚都能让我如此尽情地欣赏！感谢狱警，每晚都没有忘记打开这扇小小的窗。因而他对狱友友好，也服从管教，几年后他减了刑，出狱了。

面对同样的遭遇，前者心中悲苦，不懂感恩，看到的自然是满目苍凉、了无生气，以致遗憾离世；而后者心怀感恩，懂得知足，更会惜福，看到的自然是星光满天、一片光明，而最终的结果也是美好的。

人生的道路虽然不同，但命运对每个人都是公平的。窗外有黑暗也有星光，有快乐也有痛苦，就看我们能不能心怀感恩，懂得知足，懂得如何珍惜一切可能的恩惠。

当一个人心存感恩、知足惜福时，他就会用感恩的心对待每一件事，服务于他人，用宽容大度的心来与人相处，用尽职尽责、勤勉工作来证明一切，这样的人心态是乐观向上的。即便他面对困难、失败、无奈等诸多的不愉快时，心中依然会充满美好，并且勇敢地面对、旷达地处理，积极主动地面对现实，这种怀有感恩之心的人，生活也必将会赋予他最大的回报。

一个不懂得感恩的人，就算是遇到再好的机遇也不会好好把握，还会怨声载道，还会烦恼不止。感恩，就是多想想“别人为我做了多少”而不是“我从别人那儿得到了多少”，感恩的人，会觉得整个世界给了自己无尽的恩情，而自己要用一生的时间去回报他们。

一位年轻人踏入社会前，他的父亲什么也没有多说，只是告诉了儿子三句话：遇到一位好老板，要忠心工作；假如第一份工作就有很好的薪水，那算你的运气好，要努力工作以感恩惜福；万一薪水不如你想象的，千万不要抱怨，要懂得在工作中磨炼自己的技艺。

这位父亲是知恩惜福的人，他告诉了儿子生活的真谛。世界上没有十全十美的工作，而且工作过程也并不是尽如人意的，我们会在工作中遇到意想不到的麻烦与失败，如果我们把工作当成是一种负担，那你的生活会暗淡无光，苦不堪言，如果你把工作当成一件快乐的事情去做，那么，你的生活就会充满阳光。作为一个职场人，我们不仅要把工作做好，还要感谢我们的工作。因为有了工作，我们就不用为生存而担心；有了工作，我们的日子就过得充实而自在；有了工作，就有了我们展示自己的平台，让我们能在这块领域尽情发挥自己的专长，让生命活出精彩。

我们不仅要感谢我们的工作，还要感谢我们的同事，我们的上司，我们的客户，我们所在的公司……所有这些，都是我们要感谢的，因为他们在我们的生活中占有很大部分的空间，没有他们，我们的日子落寞而无聊。我们还要感谢我们今天所拥有的，因为有了这些，我们才得以在工作之余可以休闲度假、可以和家人团聚、可以与朋友说说心里话。生活中，到处都有我们要感恩的人和事物，可令人遗憾的是，在现实生活中有些人过着丰衣足食的日子，却抱怨生活不够富裕；面对关爱我们的父母亲人，却抱怨他们太过唠叨；拥有了平静安稳的婚姻，却抱怨生活太平淡，没有激情；看到别人升职，便会抱怨命运的不公平……他们似乎已经忘却，曾几何时，当我们还在贫困中挣扎时，是那样渴盼能过上温饱的日子，哪怕只有一天，我们也会感恩；当我们在失意的痛苦中徘徊时，是那样渴盼真诚的问候和鼓励，哪怕只有一句，我们也会感恩；当我们跌倒了无力爬起时，是那样渴盼能有人过来搀扶，哪怕只有一下，我们同样也会感恩。

永远怀着感恩之心，对生活、对工作、对朋友、对亲人甚至对世界万物都怀有一种感恩的心，我们就会更加惜福、更加明白，眼前的生活虽然不是最好的，但是我很幸福，也很快乐。因为我所拥有的这些，都是我曾经渴望得到的。那些没有到来的，我正在努力，只要我努力、坚持，那些我所渴望的，就一定会来到我身边。

7. 生命因感恩而幸福

当我们对生活心存感激的时刻，就少了很多的烦恼；少了一些牢骚，也会少一些抱怨，怀有一颗感恩的心，能帮助我们在逆境中寻求希望，在悲观中寻求快乐，我们的生活就会变得美好，我们的日子就会幸福相随，快乐相伴。

在轮椅上生活了30余年的高位截瘫的残疾人——世界科学巨匠霍金表达了这段豁达而美妙的文字：

"我的手还能活动；我的大脑还能思维；我有终生追求的理想；我有爱我和我爱着的亲人与朋友；对了，我还有一颗感恩的心……"

在常人看来，命运之神对霍金实在是苛刻得不能再苛刻了：他口不能说，腿不能站，身不能动。可他仍感到自己很富有：一根能活动的手指，一个能思考的大脑。这些都让他感到满足，他对生活充满了感恩之心，所自己感到自己的人生是充实而快乐的。这就是感恩的力量。

幸福在哪里？许多圣贤奇士都问过这个问题，其实幸福不必寻找，也不必追求，因为幸福就在我们的心里。你感觉到幸福，你就是幸福的。你的心态决定你是不是幸福，幸福与你的钱财、地位、名利和收获，并无多大的关系。

有一天，伊丽莎白问她九岁的女儿："你幸福吗？"

"是的，我很幸福。"女儿回答。

"经常都是幸福的吗？"伊丽莎白再问道。

"对，我经常都是幸福的。"

“是什么使你感觉幸福呢?”伊丽莎白继续问道。

“是什么我并不知道。但是,我真的很幸福。

是有什么事物才使得你幸福的吧!”伊丽莎白继续追问着。

“是啊,我告诉你吧!我的伙伴们使我幸福,我喜欢他们。学校使我幸福,我喜欢上学,我喜欢我的老师。还有,我喜欢上教堂。我爱姐姐和弟弟,我也爱爸爸和妈妈,因为爸妈在我生病时关心我,爸妈是爱我的,而且对我很亲切。我很感谢这一切,而且觉得这一切都很好,所以我经常觉得幸福。”

伊丽莎白感动得眼中泛泪,她没有想到,九岁的女儿如此懂得感恩和惜福,如此明白幸福的真正意义。她禁不住久久地拥抱了女儿。

幸福不在别处,幸福其实就在心里,就在我们感恩惜福的心里。心存感恩的人,才能收获更多的人生幸福和快乐,才能摒弃没有意义的怨天尤人。心存感恩的人,会朝气蓬勃,豁达睿智,好运常在,远离烦恼。怀着一颗感恩的心来面对身边的人和物,我们会突然感到原来世界是如此的美好。怀着感恩的心,我们才能感受到真正的幸福。

感恩是一份美好的感情,是一种健康的心态,同时是一种良知。是一种动力。人有了感恩之情,生命就会得到滋润。并时时闪烁着纯净的光芒。永怀感恩之心,常表感激之情。原谅那些伤害过我们的人,人生就会变得充实而快乐。感恩父母的养育,感恩大自然的恩赐。

感恩食之香甜,感恩衣之温暖,感恩花草鱼虫,感恩苦难逆境。感恩自己的对手,正是由于他们的存在才铸就了我们的成功。太阳每天都是新的,湛蓝的天空。新鲜的空气,灿烂的阳光,美好的生活,我们有什么理由不快乐呢?一个人如果有了一颗感恩之心,他就是一个幸福的人。为什么我们中有不少人,在得到了金钱、地位、名誉之后,在鲜花与掌声之中,并没有我们想象中的那么幸福,他们整天叫苦连天,口口声声说老板不理解他们,同事不理解他们,下属不理解他们,客户不理解他们,甚至连父母、妻子、孩子也不理解他们?这其实就是一个心态的问题。

一个婴儿刚出生就夭折了,一个老人寿终正寝了,一个中年人暴亡了。他们的灵魂在去天国的途中相遇，彼此诉说起了自己的不幸。婴儿对老人说："上帝太不公平。你活了这么久，而我却等于没活过。我失去了整整一辈子。"老人回答："你几乎不算得到了生命，所以也就谈不上失去。谁受生命的赐予最多，死时失去的也最多。长寿非福也。"中年人叫了起来："有谁比我惨！你们一个无所谓活不活，一个已经活够数，我却死在正当年，把生命曾经赐予的和将要赐予的都失去了。"他们正谈论着。不觉到达天国门前，一个声音在头顶响起："众生啊，那已经逝去的和未曾到来的都不属于你们，你们有什么可失去的呢？"三个灵魂齐声喊道："主啊，难道我们中间没有一个不幸的人吗？"上帝答道："最不幸的人不止一个，你们全是，因为你们全都自以为所失最多。谁被这个念头折磨，谁就会是最不幸的人。"

现实生活中也是如此，如果总觉得别人欠我们的，却从来不想别人和社会给我们的一切，这样的人心里只会产生抱怨，不会产生感恩。

一位哲人说，世界上最大的悲剧和不幸就是一个人大言不惭地说："没人给过我任何东西。"这样的人，永远生活在抱怨之中，永远享受不到生命的幸福和光明。

一个寺院的方丈，曾立下一个奇怪的规矩：每到年底，寺里的和尚都要对方丈说两个字。第一年年底，方丈问新和尚最想说什么，新和尚说："床硬。"

第二年年底，方丈又问新和尚心里最想说什么，新和尚说："食劣。"

第三年年底，新和尚没等方丈提问，就说："告辞。"

方丈望着新和尚的背影，自言自语地说："心中有魔，难成正果。"

这个"魔"，就是新和尚心里没完没了的抱怨。像新和尚这样的人在现实生活中有很多，他们总是怨气冲天、牢骚满腹，总觉得别人欠他的、社会欠他的，从来感觉不到别人和社会为他所做的一切。这种人心里只有抱怨,怎么可能感受到生命的快乐和幸福?

人生道路,曲折坎坷,不知有多少艰难险阻,甚至遭遇挫折和失败。在危困时刻,有人向你伸出温暖的双手,解除生活的困顿;有人为你指点迷津,让你明确前进的方向;甚至有人用肩膀、身躯把你擎起来,让你攀上人生的高峰……你最终战胜了苦难,扬帆远航,驶向光明幸福的彼岸。那么,你能不心存感激吗?你能不思回报吗?感恩的关键在于回报意识。回报,就是对哺育、培养、教导、指引、帮助、支持乃至救护自己的人心存感激,并通过自己十倍、百倍的付出,用实际行动予以报答。这其实就是最大的幸福。

第八章

会爱人:满怀爱心,快乐幸福

爱是世间最闪亮的光芒,爱是世间最美好的情感,爱是世间最伟大的力量!一个充满爱心、关爱别人的人,最能感受到人世间最饱满的真情,也最容易体会到爱的芬芳,感受到爱的幸福和快乐。因而,有爱心的人,永远是世界上最幸福快乐的人。优秀的员工总是明白这个道理,他们的内心永远爱意融融,爱自己,爱亲人,爱身边的每一个人,因而,他们时时都能感受到生命的美好、生活的美满,时刻充满快乐和幸福。

1. 爱是世间最强大的力量

爱，一个再也熟悉不过的字眼。那么爱到底是什么呢？爱是严冬里的一把火、爱是黑暗中的一盏灯，爱是一种分享、爱是一种承担、爱是一种荣耀，爱是最伟大的力量。“爱”这个字虽然看起来很渺小，但是它其中的含义却是那么温馨、那么深刻。一个人只要真诚地把自己的爱献给生活，献给他人，你便会发现幸福与快乐就在为别人所做的点点滴滴之中。人人心中只要有了爱，那么人间一定能汇聚成爱的海洋，我们的社会将会变得更加美好和谐。罗丹说：“世界上不是没有美，只是缺少发现美的眼睛。”人大多是平凡的，但是，因为拥有了一颗善良、朴实的爱心，在关键时刻就能迸发出人性最美的光辉！

2004年7月19日，如注的暴雨袭击着湖南省通道县骆团寨的侗族寨子，第二天上午8时45分左右，随着一声轰然巨响，吴家房子后山撕开了一道约80米高、15米宽的口子，山体滑坡了，巨大的泥石流，如一条恶龙汹涌而下，顷刻间，便把正准备撤离到安全地带的吴家11口人全部吞噬了，灾难来得老谋深太突然，连呼喊声都没来得及叫出，11条生命就被死神踩到了脚下，素不相识的人们纷纷赶到吴家，开始了一场和死神的较量，暴雨还在下个不停，山体还在不断滑坡，营救工作时时处在危险当中，但没有人退缩，营救队伍很快就扩充到三百多人，两个小时后，有3个人先后被救出来，但接下来被挖出来的是一具具已经失去呼吸，心跳停止跳动的尸体，人们的脸色都凝重起来，空气也变得异常压抑,人们知道,这么长时间的泥石流的掩埋,已经超越了人类生存的极限,不可能再有人生还了,挖掘变成了机械的动作。

14 时 30 分左右,一个弱小的声音突然从泥石流下面的废墟中传了出来:“要水。”“还有人活着。”这个弱小的声音令营救的群奋的呼喊起来,当人们小心翼翼地把废墟扒开后,被眼前的景象惊呆了,已经遇难的奶奶吴丙桃,弯着腰,用两条手臂把年仅两岁的小孙子吴明安紧紧地护在怀里,她已经僵硬得似两道铁栅的手臂,与身体闭合成一个空间,把吴明安与外面的泥石流分隔开来,吴明安恬静地躺在由两只手臂撑起的世界里,躲过了这场劫难,孩子被救出来了,现场却没有欢呼声,有的只是一片沉寂,每个人的脸上都涕泪横流。这场山体滑坡灾难夺走了吴明安 7 位亲人的生命,但两岁的吴明安却在奶奶用生命撑起的天空下奇迹般地生还了。

世界上最强大的力量是什么?不是闪电把天空撕破,不是地震把天地毁灭,也不是滑坡把生命淹没,而是爱!爱是无限的、是博大的,爱的力量铺天盖地,斩波劈浪,惊天动地!爱是世界上最强大的力量,这种力量可以超越自然,拯救一切;可以抗衡天地,创造奇迹。

2004 年 12 月 26 日,一睹白色的水墙从地平线上正向泰国克拉比岛附近的哈特莱雷海滩逼近,海滩上的人们预知不妙的事情发生,纷纷向海岸奔逃,但有一个叫卡琳·斯瓦尔德的女子却向相反的方向,也就是迎着巨浪奔跑,向距离她有 200 米的丈夫和两个孩子尖叫:“快上岸!快上岸!”游客们向她大声呼喊:“快离开海滩,快离开海滩……”可卡琳根本不听游客的喊叫,因为在那边有她的两个孩子还在玩耍,她要去救孩子。随后,那女子就让巨浪吞没了,人们以为卡林及家人没有救了,让海浪卷跑了呢!但十分钟后,人们发现卡琳及家人让海浪卷到了一块高地上,全都活着。人们都感叹这是一个奇迹,因在卡琳及家人待过的这个海滩上,至少有 200 人死亡。这个世界就是这么奇怪,只要你心中充满爱，把爱转化成行动的力量，在人们看似绝望的悬崖上，也能有意想不到的奇迹发生，也能找到救命的稻草。

爱是世界上最伟大的力量，是超越天地、超越自然的，连上苍也会为那些勇敢付出无私奉献爱的人动容，在死亡即将到来的时刻，也会为爱放了一条生路！

爱不仅可以挽救生命，爱更能改变世界，改变一切！无数无数的人们，因为有爱而改变了自己。

25 年前，有位教社会学的大学教授，曾叫班上学生到巴尔的摩的贫民窟，调查 200 名男孩的成长背景和生活环境，并对他们未来的发展做一评估，每个学生的结论都是“他毫无出头的机会”。

25 年后，另一位教授发现了这份研究，他叫学生做后续调查，看昔日这些男孩今天是何状况。结果根据调查，除了有 20 名男孩搬离或过世，剩下的 180 名中有 176 名成就非凡，其中担任律师、医生或商人的比比皆是。

这位教授在惊讶之余，决定深入调查此事。他拜访了当年曾受评估的年轻人，跟他们请教同一个问题，“你今日会成功的最大原因是什么?”结果他们都不约而同地回答:“因为我遇到了一位好老师。”

这位老师目前仍健在，虽然年迈，但还是耳聪目明，教授找到她后，问她到底有何绝招，能让这些在贫民窟长大的孩子个个出人头地?

这位老太太眼中闪着慈祥的光芒，嘴角带着微笑回答道:“其实也没什么，我爱这些孩子。”

还有什么力量比爱更伟大呢？世间万物，唯爱不灭，唯爱不怨，唯爱不悔，唯爱能超越一切，改变一切，重生一切！爱的力量可以让你从“黑暗之谷”走向“光明大道”，爱的力量可以使你从“死亡深渊”上升“新生之初”，爱的力量可以摧毁你心灵中的悲伤哀痛，为你点燃幸福和欢乐之光……

爱是世间最强大的力量！而且这种力量每一个人都具备,它就在我们的心里,就在我们的行动里。你是一个母亲,你无私的爱会带给儿女们宁静和温暖,让他们不论遭遇任何困难时都有一个避风的港湾,受到惊吓时回复宁静,困惑时得到鼓励;你是一个父亲,你宽阔的爱给予儿女们无尽的力量,让他们在任何困难和挑战面前都能昂着头,微笑面对;你是一个老师,你真诚的爱给学生们信心,不论他们遇到什么难题,犯了什么错误,老师的微笑、宽容和教诲,都会让他们的心中重新升起希望;你是一个警察,你深沉的爱换来的是所有人的平安和幸福……爱是世界上最伟大的力量,有爱,一切都不一样,一切都变得温馨,变得美好。

罗曼·罗兰说:"爱是生命的火焰,没有它,一切都将变成黑夜。"

勃朗宁说:"如果地球上没有爱就会犹如坟墓一般。"

希尔泰说:"爱可以战胜一切。"

高尔基说:"谁要是不会爱,谁就不能理解生活。"

……

关于爱,哲人们领略得最为透彻和深厚。是的,生活就是由爱组成的,不懂得爱的人,就不能懂得生活,更不会享受生活。所以,优秀的员工,都是充满爱心、懂得爱人的人。他们时刻都能怀着爱心真诚地关心身边的每一个人,这样的人,也往往是机会最会、成就最大、生活最幸福、家庭最美满的人。

2.

用浪漫悉心经营自己的爱情

懂得爱的人，都会有自己的知心爱人，而他们，也是最会经营自己的爱情、享受自己的爱情、拥抱自己的爱情的人。

很多人对于“浪漫”都不以为然，甚至是抵触的，然而爱情是世间最浪漫的事情，懂得经营爱情的人，一定也是懂得浪漫的人。

什么是浪漫？从字面上可以理解为充满幻想、富有诗意。但实际上，浪漫对于不同的人，有不同的感受和不同的定义。浪漫也如哈姆雷特般，一千个人的心中有一千个样。关键在于你的心，你觉得它浪漫，那么它就浪漫。

爱情的浪漫，则更是千人千面，不一而足。

在樱花盛开的季节，两个有情人手牵手走在樱花林里，和煦的阳光照在身上，花瓣飘落在身旁。

在微雨轻风的夜晚，两个亲密的人一起，慵懒地躺在沙发上，自在地蜷缩或者伸展，有一句没一句地聊着。房中灯色温暖，门外雨声沥沥，而有情人，却闲散而悠然。

又或是良辰美景，花前月下，双目交织，脉脉含情，心跳如鼓；还可能是心手相牵，相爱的人一起漫步在乡间小道上，情话喁喁，爱意绵绵；还可是匆匆跑过人流汹涌的大街，只为街头的拐角，有个人正在等你。

浪漫是两个人拉着手满世界乱转，却不因手中的汗而放开，乐此不疲。

浪漫是在需要人安慰的时候，有一个肩膀可以靠着，有一双手为你擦拭心中的泪水；浪漫是在有成绩有快乐的时候，有人一起快乐地分享；浪漫是在忧伤的时候，有一个人为你静静地守候；浪漫是在下雨时，有人递来一把雨伞；浪漫是在寒冷的时候，两个人依偎着相互取暖；浪漫就是一天又一天重复着平常的平常……

浪漫是什么?也许就是一句话,一个眼神,一个微笑或是一段岁月!浪漫有定义吗?如果有,那就是两个有情人相处时那些平平常常的瞬间,那些刻骨铭心的幸福……

浪漫,是心的感受。浪漫不在于鲜花,不在于物质,不在于甜言蜜语,而在于心境,在于感悟,在于体会,在于品读,在于心的迷醉和痴恋。有时候,只是一个眼神的交会,一个意会的动作,一声轻轻的问候,一句柔暖的关怀,就能让人痴迷千载!如果两人彼此倾心相爱,即使什么事都不做,静静相对都会感觉是浪漫的。否则,即使两人坐到月亮上,也是感觉不到浪漫的。可见浪漫的内核实际上是爱!

曾经有一个男孩对一个女孩说,如果我只有一碗粥,我会把一半给母亲,另一半给你。于是女孩喜欢上了这个男孩。

有一次村里发大水,男孩忙着去救别人,而没有去救女孩。别人问他为什么,男孩说,如果她死了我也不会独自活在这个世上。这一年女孩 21 岁,男孩 23 岁,女孩嫁给了男孩。

闹饥荒的年月,两人只有一碗粥,他们互相谦让,都想让对方吃下去,结果这碗粥三天后馊了。那时他们分别是 41 岁和 43 岁。

当他 53 岁那年,因家庭成分不好被挂上牌子批斗,已 51 岁的她心甘情愿地陪伴着他。她告诉他,无论有多大的苦、多大的难,你是我生命中唯一的支流,我永远是你爱的源头。

许多年过去了,他们成了古稀老人。在一次坐公共汽车时,一位年轻人给他们让座,他们都不肯坐下而让对方站着,于是两个人紧紧靠在一起抓着扶手。这时车上所有的人都被这美丽而朴素的场景感染了,齐刷刷地站了起来,充满无限敬意的眼睛,仿佛看到他们心中的玫瑰花正在盛开,醉人的温馨里浸润浓浓的爱意……

这就是真正的浪漫爱情,在至爱至亲的道路上,不管遇到怎样的情形,相互勉励与祝福,共同承受生活中的痛苦与磨难、幸福与快乐,一生一世。风风雨雨的人生,在几十年的经历中,谱下最真实的乐章。还有什么样的浪漫比这样的爱情更强烈，还有什么样的浪漫能超越一生一世的相守呢？

每一份爱情都浪漫不已，每一对恋人都浪漫不尽。懂得爱的人，也就懂得了浪漫。但是，为增添浪漫的情趣，为浪漫的爱情再添一些精彩的魅力，不妨学习一些小技巧。

(1)把你们曾经用过的车票，旅游景点票、明信片做成一幅拼贴画。

(2)用红笔在他的日历上画上圈，但不告诉他为什么。

(3)准备一些“一天的国王”和“一天的皇后”奖券，抽到的人，有权在24小时内享受国王(皇后)待遇。

(4)各满足一次你们的收集欲望，给他买齐王家卫的所有电影DVD，或者某一年Matchbox的小汽车模型，替你集齐麦当劳发售的Hello kitty。

(5)增加两个人一起学习的机会，瑜伽课，美食课，双人泰式按摩……

(6)来一个巨熊式的拥抱。当然，轻柔而温情的拥抱也很有用的。

(7)打电话的时候，用不同的问候语，例如：“世界上最能干的男人是不是在这里上班？”

(8)经常留一些表达爱意的字条。

(9)留意你们的纪念日。纪念不一定非要有个特别的理由才行。随时发挥想象力创造庆祝的理由，不管是雨天、摔跤日，或是好不容易排了3小时才买到Kitty的纪念日……都可以是一个浪漫一下的好理由。当然最重要的结婚纪念日绝对不宜遗忘，让彼此都回想起最初心跳的感觉，就是最好的加温方式！

(10)分享时刻。拥有分享的亲密时刻。试着没有压力的共享彼此的想法和价值观。甚至，先具体地从共享一个衣橱、浴室，逐步开启你的浪漫神经。关掉电视吧！一起看看书，聊聊一天的趣事，或者就是享受一下还不太习惯的沉默，回忆时也是浪漫的事。

(11)临别一吻。你绝对想不到，当你急着出门时的匆匆一吻有多么大的魔力。临别的一吻能把你们彼此的心紧紧地系住，让你一整天都沉浸在甜甜的亲密中，好像他从没离开过似的。如果你必须因公出差，也别忘打个长途电话，让他知道，你的心好端端地放在他那儿。

其实生活中的浪漫可以体现在无数的细节中，并非所有的浪漫都轰轰烈烈。只要大家彼此用心，工作再忙，生活再累，一样可以让浪漫满屋，给生活增添更多的浪漫与甜蜜。

3. 细心呵护温暖的家

人人都有一个家，人人都需要一个家，因为只有家才是我们永恒的温柔港湾。家是唯一不需要戴面具可以随心所欲的地方；家是唯一真正尽义务不需要回报的地方。家人是相互平等的，只有老幼之分，没有领导和被领导，没有上下级。家有你的爱、家有你的牵挂；家有你的义务、家有你的责任；家有你的幸福、家有你的快乐……

有了一个家，生活才会更有意义；有了一个家，就会明白幸福的含义；当你开心的时候，烦恼的时候，不如意的时候，只有家才是最温馨的港湾！有了家的呵护，才能感受到爱的力量，情感的重要！

家给我们不仅是生活上的满足，物质上的需求，更给了我们精神的慰藉。无论我们走到哪里，回首遥望的是家，期待回归的也是家。对于每一个人来说，家是出发的起点，也是最后的归宿。也许当我们为实现自己的梦想而在外面打拼的时候，会暂时没有家这一概念，可我们内心深处，总会有一根线牵扯着。家是温馨，家是甜蜜，就是我们无论走多远都要回去的地方，还有妻儿，因为那里有我们的父母、兄弟和姐妹，还有妻儿，因为那里有我们美好的记忆和想起来时抑制不住的感动。

台湾作家林清玄在散文《幸福》中这样写道：小时候，我们住在南部乡下，由于兄弟姊妹很多，妈妈非常忙碌，我们只要一靠近妈妈，她最自然的反应是一掌把我们打开："闪啦！大人在无闲，不要在这里绊手绊脚！"因此，我非常渴望有一天能牵她的手。有一天，妈妈要到田里摘野菜，我跟着去，她突然牵起我的手，走在田间的小路上。那时是黄昏，夕阳一片金黄，拉长了她的身影，几乎覆盖了整条小路。那时候我感觉到从未有过的幸福，生命原是如此美好！过去30多年了，每次想到那一幕，幸福的感觉仍在汹涌……

家是我们永远的港湾，这是我们永恒的心之故乡。德国诗人歌德说："无论是国王还是农夫，家庭和睦是最幸福的。"人生最大的幸福都来自于我们温暖的家庭。所以，作为平凡人的我们，一定要懂得家才是温暖的源头，是幸福的发源地，是快乐的制造厂。

幸福的家庭不是凭空而来的，这需要家庭中所有成员的共同努力，需要所有家庭成员的共同呵护。没有细心呵护的幸福如昙花，来得快，去得也快。所以，温暖的家需要我们的细心呵护。家庭中的每一个人都要站好自己的位置，扮好自己的角色。做妻子的要爱自己的丈夫，做丈夫的也要爱妻子，做儿女的要孝敬父母，做父母的也要爱护儿女。这些话看似老生常谈，却都是维系家庭关系的重要原则。家庭的幸福需要家里每一个人的共同呵护。上慈下孝，尊老爱幼，父母慈爱，儿孙贤孝，是人生的最高追求，也是最珍贵、最美满的福分。但这一切都需要每一个家庭成员的悉心呵护，需要我们谨守奉献爱心、宽容体谅的原则，才能使家庭更和睦。

家庭中最重要的关系是夫妻关系，因为只有夫妻是相携一辈子的人。父母会老去，儿女会出去，只有夫妻，是永远相伴相守的情侣。因而夫妻也是世界上最最紧密的结合，最最离不开的人。就像一首歌所唱的那样，"也许全世界我也可以放弃，只是不愿意，失去你的消息……"

有这样一个故事：一个教授在一个公开场合进行一次测试，让一个女人在黑板上写出生命中最重要的20个人，她如实写下丈夫、父母、孩子、朋友、亲戚、同事、邻居、领导，等等。然后教授说，生活中你碰到一次意外，这些人中会有5个离你而去，请你划去不太重要的5个人，她如实划去5个人。然后教授又说你还会遇到意外，生命中还会失去5个重要之人，她又如实划去5个人……黑板上只剩下父母，孩子，丈夫的名字了。教授说，现在你又要失去两个亲人，请你划去两个，当时现场一片紧张，她噙着眼泪默默划去了父母的名字，最后教授说只能留下一个人，她看着丈夫，孩子的名字，一个也不忍划去，踯躅了很久，最后眼里含着泪，颤抖着手划去了孩子的名字。当时教授就问她：父母给了你生命，而孩子是你身上掉下的肉，你为什么把他们划去了？她哭着说："父母年迈了，早晚会离我而去，孩子长大了，也会离开我身边，而丈夫是时刻陪伴我到老的那个人。"

是的，只有夫妻是相互扶持相伴到老的人，只有这个人是陪你到最后的人。所以夫妻关系是家庭中的核心关系，家庭和谐不和谐、美满不美满、幸福不幸福，都要看夫妻关系是不是和谐、是不是美满、是不是幸福。

因而，作为家庭顶梁柱的夫妻，一定要学会用心经营婚姻，因为只有婚姻幸福，家庭才能美满。

当爱情走过热恋到达婚姻殿堂的时候，那些炽热的话语、亲密的接触、相互的神秘正慢慢消逝，取代为平淡的生活。柴米油盐酱醋茶这些看似芝麻大的小事成了日常生活的主旋律；公公婆婆、岳父岳母、七姨八姑似乎都成了"两人世界"中的"第三者"，这些都是现实的婚姻所无法回避的本质。当爱情渐老，婚姻正长，我们要学会自己呵护婚姻，用心体会真情，才能永葆爱情的新鲜。

婚姻生活中，对方给予自己的爱，大多时候就像穿梭在荷叶下的青鱼，当荷花绚丽盛开，你倾心于花香扑鼻的芬芳时，青鱼只是无声无息地在水中游动，并不让你感觉到它的存在；当荷花凋谢如秋风中的落叶，你收回时被诱惑已久的目光，才发现青鱼给你带来的不仅是一串串鲜活的呼吸，而且它已经充溢在你生活的每条脉络之中。

婚姻需要用心去经营，爱需要成长，成长中的爱情婚姻需要"爱"来滋润。我们人人都渴望有一个和谐幸福的家庭。生活在和谐幸福家庭中的夫妻，他们以爱相许，夫妻之间彼此包容、信任、体谅、宽恕，勇于承认自己的过失，勇于向对方道歉；他们坦诚沟通，用心聆听，积极地解决问题，而不是回避矛盾，懂得有效地处理冲突和差异；他们彼此欣赏，互相鼓励，给对方适当的空间；他们不断学习，丰富自己，懂得爱需要共同成长；爱情婚姻需要用心去经营，需要用浪漫去点缀。重新焕发激情，才能永远保持爱情的新鲜、婚姻的甜蜜。

如果爱人不愿意做家务，我们何尝不可以理解为对方因为工作太累所致呢？这时候，我们主动多做一些难道就不行吗？如果爱人心情不好，没有在老人面前表现出应有的孝道，没有在亲戚朋友面前表现出一定的热情。我们何尝不可以理解为对方因为在外有了烦恼无处发泄所致呢？要知道，家本来就是生活的避风港呀！这时候，我们多在自己的老人、亲戚、朋友面前做做解释又何尝不可？如果我们把做家务当成一种享受，把关注对方、理解对方、宽容对方、帮助对方当成自己应尽的一份责任，把经营爱情，记住对方的生日，偶尔送一束鲜花，写写婚姻日记当成一种日常生活，想方设法给婚姻生活添加一些浪漫，增添一些关怀，那么，我们的婚姻生活会增色不少！爱情来源于日常生活的时时刻刻、方方面面、点点滴滴，一句温柔的情话，一杯酽酽的热茶，一个会心的幽默，一次争执的让步……这都是平实的浪漫，都是悉心经营的技巧，只有这样，爱情之花才会越开越艳。

在爱情和婚姻渐渐老去的时候，一些人抵不住诱惑，缺乏了“用真情去培育、用精心去经营、用呵护去保卫、用信任去维护、用体谅去爱护”的爱情婚姻意识，导致爱情、婚姻城墙失守，为自己酿下苦果。可以说，婚姻最大的敌人，往往是可怕的诱惑。很多时候，人都经不住诱惑，直到失去了婚姻，才发现是因为自己放纵了信任，自己放弃了看守的职责，以致婚姻迷失了方向，坠入深渊。我们为什么不多想想潜藏在婚姻琐碎和平淡中的那些幸福和浪漫的时刻呢？

当你迷惑于眼前绚丽的“荷花”时，是否也看到了那条游走在你生命中的“青鱼”当爱不仅仅局限在一个“爱”字上的时候，也许那才是爱的真谛，也才是夫妻和谐相处的基本原则。

夫妻恩爱是幸福家庭的基础，是幸福的源泉，是完美人生的关键。夫妻恩爱，父母慈爱，子孙亲爱，还有什么比这更幸福的事情呢？

当然，温暖的家庭不仅仅是夫妻的和睦恩爱，而是家庭中每一个人都能相亲相爱、和睦美满。包括父子、母子、公婆、婆媳、祖孙等各种关系。其实，要想把这些关系都处理好，真不是一件容易的事。所谓“清官难断家务事”，家庭中各种各样的关系要达到平衡，更需要每一个家庭成员的用心经营和呵护。

在家庭中，可能最不容易融洽和睦的就表现在婆媳关系上，很多家庭都面临婆媳不和的问题。这不仅因为女人和女人容易生间隙，更因为现代家庭中，婆婆和媳妇都把家中这个男人看得太重要。

所以，作为丈夫，一定要做好“双面胶”两面贴，尽量磨合婆媳间的矛盾，不能只打哈哈，或是偏向哪一边，才能营造良好的家庭氛围，促进家庭的和美。

小琼结婚后一直和婆婆关系不和。婆婆是个急脾气，小琼受不了，两人整天闹矛盾。先生是个好脾气，遇上婆媳吵架他也不说什么，只呵呵一笑就算了。媳妇向他埋怨婆婆，他听着；婆婆向他说媳妇的不是他也听着。虽说没有偏袒谁，但有理无理，他总是不做声，反倒让媳妇和婆婆矛盾更深，对他也有了怨言。家庭关系越来越差。这让小琼就觉得心里堵得慌，她觉得心里很压抑，婆婆也觉得很委屈，而她先生更是深为家庭关系而苦恼不已。

其实，家庭是一个整体，只有每一个人都能献出爱心，都以家庭为重，克己去私，都宽容大度，才能和睦相处。对于最难处的婆媳，只要婆媳之间也遵守这样的规则，矛盾必然会减少很多。以下几条建议，也许能让婆媳关系得以改善。做媳妇的要尊重、关心婆婆，遇事多和老人商量，尽量做到经济公开，给婆婆一些零用钱；每逢节日或婆婆生日，要记着给婆婆准备点礼物；平时媳妇给自己的母亲送吃的、用的，最好同时给婆婆准备一份；经常做一些婆婆爱吃的食物，一家人同桌吃饭，要注意先把好菜给婆婆，不能只顾自己的孩子和丈夫；要尊重、关心婆婆，还必须学会适应婆婆；婆婆在思想上、生活上、习惯上有时难免和媳妇不同，媳妇常常不易理解婆婆的习惯，所以一些举动常会引起婆婆的反感，从而引起婆媳不和。在这种情况下，媳妇要注意控制自己，尽量照顾老人的性情和习惯。

只要不是什么原则问题，就要尽可能地使自己的举动适合老人心意，必要时，甚至迁就老人的某些习惯，等得到婆婆的欢心后，再将老人的一部分旧习惯用巧妙的办法渐渐改变过来。这样，婆媳会慢慢消除隔膜，和谐相处。

儿媳要学会善解人意，不要凡事只替自己打算，对婆婆的言语产生这样、那样的不当想法，怀疑她的动机。有时候这种猜疑的心理甚至会把婆婆的好心给想歪了，因而造成不良的后果。

对男人来说，家庭中的婆媳矛盾是最令人头疼的事情。眼看爱妻、慈母整日愁眉苦脸，唇枪舌剑，作为“丈夫”和“儿子”的男人既感到烦恼，又束手无策。都说儿媳妇难当，婆婆难当，其实有时“丈夫”和“儿子”这个双重角色最难当。

由于“丈夫”和“儿子”的双重身份，他一定要做到一碗水端平，才能有效地化解矛盾。对待双方的父母要基本一样，对待双方的亲戚也要基本一样，如果让妻子或母亲认为你内外有别、偏心，那就不好办了。

婆媳之间有意见，最好在经过丈夫和儿子这个中间环节时把它化解掉。但是，舌头没有不碰牙的时候，婆媳拌了嘴，在这种情况下，男人绝不能参与其中，帮一方责一方。

为了消除隔阂，加深她们之间的感情，男人在一些事情的处理上不妨做点“手脚”。比如：你可以买点好吃的东西给母亲送去时说：“××感到对不住您老，买点东西希望您消气。”在吃饭时，对妻子说：“妈看你这几天不爱吃饭，特意为你包的饺子，多吃些吧。”这样，双方的心都热乎乎的。你敬我一尺，我敬你一丈，感情又和好如初，甚至比以前更好了。

家庭中还有兄弟姐妹关系、父母与孩子的关系，祖孙关系等，要想使家庭温暖和美，奉献爱心、宽容体谅的原则，都是适用的。如果每一个家庭成员都遵守这样的规则，那么家庭一定会和美温暖。

4. 给孩子最无私的爱

每个儿女都是父母的“希望”。孩子是一家的未来，承载着无数的爱，也承载着巨大的责任和义务。有些父母甚至在孩子出生之前，就开始憧憬着未来宝贝的模样，希望自己的宝宝漂亮、聪明、健康，幻想他将来成为什么样的人物，探讨用什么样的方法去培养他。当孩子出生后，初为父母的人们更是满怀激动地端详着自己创造的可爱生命，心中充满着甜蜜，暗暗发誓要让孩子拥有自己所能奉献的一切，愿意付出所有将他塑造得更加完美。随着孩子的长大，父母对他们表现出的每一样才能都惊喜不已，然后欢欣而郑重地商讨孩子未来的发展方向。

父母所有美好愿望和期冀都十分可贵，也是成为好父母、培养出好孩子的前提，父母对孩子的爱也是无私的，倾尽所有的。正是因为有这样甘心付出一切的父母，才成就了许多原本平凡的孩子的一生。

儿子幼年时，母亲第一次参加家长会，幼儿园的老师对她说："你的儿子有多动症，在板凳上连三分钟都坐不了，你最好带他去医院看一看。"

回家的路上，儿子问母亲，老师都说了些什么。母亲鼻子一酸，差点流下泪来。因为全班 30 位小朋友，只有她的儿子表现最差；唯有对他，老师表现出不屑。伤心归伤心，聪明的母亲还是告诉儿子："老师表扬你了，说宝宝原来在板凳上坐不了一分钟，现在能坐三分钟了。其他的妈妈都非常羡慕你的妈妈，因为全班只有宝宝进步了。"那天晚上，儿子破天荒吃了两碗米饭，并且没让母亲喂。

转眼间，儿子上小学了。还是在家长会上，老师对母亲说："全班 50 名同学，这次数学考试，你儿子排在第 49 名，我们怀疑他智力上有些障碍，你最好能带他去医院查一查。"走出教室，母亲再次流下了伤心的泪水。然而，等她回到家里，却对坐在桌前的儿子说："老师对你充满了信心。他说了，你并不是个笨孩子，只要细心些就能超过你的同桌，这次你的同桌排在第 21 名。"说这话时，母亲发现，儿子黯淡的眼神一下子充满了光亮，沮丧的脸也一下子舒展开来。第二天上学时，儿子去得比平时都要早。她甚至发现，从这以后，儿子温顺得让她吃惊，好像长大了许多。

很快，孩子就上了初中，又一次家长会。母亲坐在儿子的座位上，等着老师点她儿子的名字，因为每次家长会，她儿子的名字总是在差生的行列中被点到。然而，这次却出乎她的预料，直到家长会结束，都没听到儿子的名字。她有些不习惯，临别去问老师，老师告诉她："按你儿子现在的成绩，考重点高中有点危险。"

听了这话，母亲并没有气馁，而是惊喜地走出校门，此时，她发现儿子在等她。走在路上，她扶着儿子的肩膀，心里有一种说不出的甜蜜，她告诉儿子："班主任对你非常满意，他说了，只要你努力很有希望考上重点高中。"

儿子抬头望着母亲，重重地点了点头。

不久，儿子高中毕业了。第一批大学录取通知书送达时，学校打电话让她儿子到学校去一趟。她有一种预感，儿子被重点大学录取了，因为在报考时，她对儿子说过，相信他能考取重点大学。

在母亲忐忑不安的等待中，儿子终于从学校回来，他把一封印有某著名大学招生办公室字样的特快专递交到母亲的手里。突然就转身跑到自己的房间里大哭起来，儿子边哭边说："妈妈，我知道我不是个聪明的孩子，可是，这个世界上只有你能欣赏我……"听了儿子这番话，妈妈悲喜交加，再也按捺不住十几年来凝聚在心中的泪水，任它流下，滴落在手中的信封上……

无私的爱，结出的是甜美的果实。

当然，无私的爱不是过度的爱，更不是溺爱。生活中有些做父母的对子女过分关心，一切包办，不敢让他们独自去面对生活中的困难和挫折。但生活自有它发展的客观规律，在风风雨雨的人生路上，每个孩子都要遇到困难和挫折。如果父母大事小事都越俎代庖，那么孩子怎能磨炼出坚强意志，怎能培养出百折不挠的抗挫折精神？所以，爱可以无私，但一定不能无度。只有适度的爱，才能更让孩子感受到父母的苦心，又不至于养成他们娇惯的脾气。所以，父母对孩子无私的爱，也不是只管爱就行，还需要智慧。

智慧的爱，首先包括的应是了解，缺乏了解，爱就是盲目的；其次包含尊重，没有尊重，就没有信任，就没有乐观的期待，爱就会演化成为支配和控制，有些父母把孩子当成自己的私有财产，教育孩子以自己的意愿作为准则，以望子成龙之心为孩子设计“明天”的规划，而一旦孩子达不到“设计”要求，就会爱之愈深、痛之愈深，或体罚，或放任自流。这种缺乏理智的爱，不但不能使孩子成才，反而会使孩子成为父母主观愿望的牺牲品。也有一些父母对孩子百般宠爱，不管孩子的要求是否合理都想方设法予以满足。这样的爱只会将孩子引入歧途。

父母对孩子的爱应当是理智的，除了为孩子含辛茹苦、无私奉献外，还必须勇于向孩子表达自己的爱，这种爱就是给孩子讲道理，让孩子明是非。对于孩子的兴趣和爱好给予点拨和指导。

当孩子做了一件让你知道的事，你要说“孩子，我爱你”；当孩子在生活中遭受失败和挫折时，你要说“孩子，我爱你”；当孩子犯了错误，受到批评，你也要说“孩子，你做的这件事情我们不同意，但我们爱你”。这对于激励孩子的志气、增进孩子的自信心、帮助孩子接受你的教育，都是十分有益的。

一般来说，父母对孩子表达爱，要做到以下几点：

1. 尊重孩子的独立人格。你必须了解，爱是建立在平等基础上的，没有平等就没有爱。你首先应该把孩子当作和自己一样的人来对待，尊重孩子的想法和感受，不强迫孩子做不喜欢的事情。绝大多数的母亲，觉得孩子还小，很多事情都不懂，就不把孩子当作独立的人来对待。这是一种不明智的错误。孩子固然对很多事情不懂，但那不是构成不尊重孩子的理由。是否尊重孩子，是不以孩子的表现为前提的，而是你对孩子应尽的义务，是你的教养，人格高尚的反映。

2. 父母爱孩子不需要理由。你爱你的孩子，只因为他是你的儿子或她是你女儿，除此之外再没有其他理由了。所以，爱孩子就必须无条件，必须百分之百地接纳孩子，把孩子当作你生命中最重要的人来对待，当作你手心里的宝贝来珍爱。

3. 直接告诉孩子你爱他。只有表达出来的爱，才是爱。爱是需要明示的，必须直接表达出来，否则，对方可能根本就接收不到你的爱。因为我们人类的行为可以任意解释，你认为你爱对方，你通过行为或礼物等方式表达你的爱，在你看来，你爱孩子是天经地义的，可是孩子却可能理解为你的自私或对他的伤害。所以,你爱孩子,就必须明确地告诉孩子你爱他。这样孩子才能确信自己被家长爱着。

4.用你的眼神告诉孩子你爱他。眼睛是心灵的窗户,它准确地反映我们内心世界。当你爱孩子的时候,你眼神会准确地传达你的爱意。所以,母亲必须时刻注意自己的眼神,留神它是否偏离了爱孩子的轨道。当我们过分注意孩子的表现和学习成绩时,常常忘了爱孩子。你以为孩子不会发现,其实,孩子百分之百地会知道你已经不爱他了。因为你的眼神早已经把你的秘密泄露出去了。让我们尴尬的是,我们爱孩子的信息,孩子不容易接收到,可是我们不爱孩子的信息,孩子仅凭直觉就完全可以接收到。

5.用体恤的态度倾听孩子的心声。孩子是一个成长中的人,他每时每刻都可能遇到困难,随时遇到迷茫费解的问题,并且他们的情绪非常容易受到干扰,一会儿是阳光明媚,一会儿又是暴风骤雨。他们在内心里极其渴望有人能理解他们的感受。所以,他们需要的首先是倾听,其次才是指导。倾听孩子的目的,不是看孩子说的东西对错,而是用“倾听”的动作来给孩子支持和理解,通过倾听的动作来表达你对孩子的爱,让他感到在这个世界上并不孤独,父母永远是他们心灵的归宿。

5. 让父母生活得更舒适更安心

爱父母,不仅是为人子女基本的责任,更是千百年来伦理的核心。孔子说“百善孝为先”,孝在人们众多美好品行当中是最根本的,为什么呢?因为在人的一生中,父母的关心和爱护是最真挚最无私的,父母的养育之恩是永远也诉说不完的:灾病让父母熬过多少个不眠之夜,读书升学费去父母多少心血,立业成家铺垫着父母多少艰辛。如果连这种恩情都不报答的话，还能算是人吗？就连动物也不如。所以，孝顺父母，是自古以来人伦道德的核心。“人生五伦孝为先，自古孝是百行原。为人子女应孝顺，不孝之人罪滔天。父母恩情深似海，人生莫忘报亲恩。上惟有孝字大，孝顺父母为一端。”孝顺父母是为人的第一大事。

古代有名的孝子故事，想必大家都或多或少地知道一些，诸如：孝感动天、亲尝汤药、百里负米、芦衣顺母、戏彩娱亲、卖身葬父、乳姑不怠、卧冰求鲤、恣蚊饱血、弃官寻母等，都是很典型的为古人称道的孝行。也是一作为儿女回报父母的典范。

子路是孔子的得意门生，他就非常孝敬父母。子路从小家境贫寒，十分节俭，经常吃野菜。子路觉得自己吃野菜没关系，就怕父母营养不够，身体不好，很是担心。家里没有米，为了让父母吃到米，他必须要到百里之外才能买到米，再背着米赶回家里，奉养双亲。

为了能让父母吃到米，不论寒风烈日，子路都不辞辛劳地跑到百里之外买米，再背回家。冬天，冰天雪地，子路顶着鹅毛大雪，踏着河面上的冰，一步一滑地往前走，脚被冻僵了，抱着米袋的双手实在冻得不行，便停下来，放在嘴边暖暖，然后继续赶路。夏天，烈日炎炎，汗流浃背，子路都不停下来歇息一会儿，只为了能早点回家给父母做可口的饭菜；遇到大雨时，子路就把米袋藏在自己的衣服里，宁愿淋湿自己也不让大雨淋到米袋。如此艰辛，子路持之以恒，实在是极其不容易。

后来，子路的父母双双过世，他南下到了楚国。楚王聘他当官，给他很优厚的待遇，一出门就有上百辆马车跟随，每年的俸禄也很多，每天山珍海味不断。但是，子路并没有因为物质条件好而感到欢喜，反而时常感叹，多么希望父母能在世和他一起过好生活。可是，父母已经不在了，即使他想再负米百里之外奉养双亲，这也是永远不可能的事了。

“树欲静而风不止，子欲养而亲不待”，这是千古以来，多少错过及时行孝者的悔恨哭诉啊！所以，行孝要及时，要在父母都健在安康时，尽心奉养父母长辈，使他们生活舒心，不愁吃穿，内心安宁，不为儿女操心，才是"真孝"。在这方面，有着"千古一帝"之称的康熙，可以作为我们的榜样。

康熙在他8岁和9岁的时候，父母相继去世，因此他孝顺的对象就是与他相依为命的太皇太后孝庄。作为帝王，康熙自然不缺吃，不少衣，他是怎样尽孝道的呢？康熙认为，尽孝"不在衣食之奉养"，"唯持善心行合道理以慰父母而得其欢心"，这样才算得上"真孝"。

康熙不论政务多么繁忙，每隔两三日，一定到孝庄所住的慈宁宫问安。如果时间允许，或祖母身体不适．便每天多次前往探视。在问安时间上，也是经过精心安排的，通常在上午8到10时左右，因为这时老人比较闲暇，精神状态也好，正好陪着说说话。康熙经常到外地出巡，为了不让祖母担心，他每隔几天就要派人向祖母报个平安，同时还令人及时向他奏报祖母的情况。每次围猎获得野味，他马上令人送回宫，请祖母品尝。逢年过节，康熙都要集合全家人，和祖母欢聚一堂，吃个团圆饭。有一年，康熙到关外祭奠祖陵，正赶上过端午节，为了不耽误和祖母团聚，他快马加鞭，特意在节前一天赶回京城，一回到宫中，就赶往慈宁宫问安。

每当孝庄身体不适，康熙一定会亲自探视，命人熬炖汤药，亲自送去。蒙古族和满族有温泉疗养的传统，当孝庄健康状况不佳时，康熙都陪她到温泉疗养。一路之上，他要亲自关照祖母的衣食住行，无微不至。吃饭时，都安排好祖母的膳食，自己才进膳。遇到坎坷不平的地方，他都要亲自护驾，有时甚至要下马步行，陪侍在车驾之侧。

康熙二十六年十一月，孝庄卧床不起，康熙日夜不离，用尽了一切办法，但孝庄仍不见好转。康熙希望能用自己的诚意打动上天，他在十二月初一，率领满朝文武，从乾清宫步行到天坛祭奠，祈请上天让祖母转危为安，情愿己减寿，来增加祖母的寿命。但孝庄的病还是一天比一天重，康熙为了亲自照顾祖母，决定暂停御门听政，一步也不离开祖母身旁，可见他对祖母孝心的真诚。孝庄病逝后，康熙悲痛欲绝，几次昏迷，好几天都没有进膳。此后，康熙每当想起祖母来，都情难自禁而痛哭流涕。

康熙之孝行，是足以示范天下儿孙的。他身边的大臣对康熙也是无不佩服，称赞道："天性纯孝，古帝王未之有也。"

孝顺父母，最紧要的是让父母安心舒适。孝顺父母，第一要让父母生活得幸福舒心。孔子门生曾子说："大孝尊亲，其次不辱，其下能养。"他将"孝"分为三等，小孝是"能养"：子女要保证父母物质生活的需求，做到有吃、有穿、有住，生活不受饥寒，有病能及时得到治疗。中孝是"不辱"：子女的一言一行、一举一动都要三思而后行，慎之又慎，不能因为自己的过失给父母带来不良的影响，让父母操心、担心、忧心。大孝是"尊亲"：子女要尊敬父母，对父母要有发自内心的真诚的爱，无论地位多高，官有多大，在父母面前，都要有温和的态度，愉快的脸色，委婉的面容，这样才能宽慰父母的心，才算得上真正的孝顺。

对门生的这个观点，孔子是积极支持的，他还特别对为什么要"尊亲"做了解释。他说："如果只是能够养活父母的话，那是犬马都能做到的事情，如果内心对父母没有敬重之情，那供养父母和饲养犬马有什么区别呢？"

孔子还说："孝子之事亲也，居则致其敬，养则致其乐，病则致其忧，丧则致其哀，祭则致其严，五者备矣，然后能事亲。事亲者，居上不骄，为下不乱，在丑不争，居上而骄，则亡。为下而乱，则刑。在丑而争，则兵。三者不除，虽日用三牲之养，犹为不孝也。"

这其实就是提出了一种怎样尽孝的方法：大凡有孝心的子女们，要孝敬他的父母，第一，要在平居无事的时候，当尽其敬谨之心，冬温夏清，昏定晨省，食衣起居，多方面注意；第二，对父母，要在奉养的时候，当尽其和乐之心，在父母面前，一定要现出和悦的颜色，笑容承欢，而不敢使父母感到有点不安的样子；第三，父母有病时，要尽其忧虑之情，急请名医诊治，亲奉汤药，早晚服侍，父母的疾病一日不愈，即一日不能安心；第四，万一父母不幸的病故，就要在这临终一刹那，谨慎小心，思想父母身上所需要的，备办一切，还要悲痛哭泣，极尽哀戚之情；第五，对于父母去世以后的祭祀方向,要尽思慕之心。以上五项孝道,做的时候,必定出于至诚。不然,徒具形式,失去孝道的意义了。此外,还要三戒:身居高位戒骄、屈尊人下戒乱、面对名利戒争。如果做不到的话,即便每天以山珍海味供养父母,也算不得孝子。

千古圣贤孔子提出的尽孝道,正是从人的本性和基本需要来强调的。孝敬父母绝不仅仅是供养他们,让他们有吃有穿,买一堆东西往那儿一放,叫一声“爸妈”,然后就出门而去。这并不是真正的孝。在现代家庭,对于大多数的老人来说,他们不在乎儿女拿多少钱,买多少东西,他们更在乎儿女能常回家看看,陪父母吃吃饭、说说话、散散步,有时一声问候都比毫无感情的钞票更讨父母的欢心。所以,优秀的员工一定要懂得,真正的尽孝是让父母生活得更加舒适、更加安心。因而,要时刻记住父母在上,要经常去看望父母,父母有病,也应当守护在侧,不能让父母牵挂你,担心你,为你操心。这样才能真正让父母过得舒心。

6. 和朋友携手共进,共享生命的精彩

朋友可贵,朋友难得,朋友是一生的珍宝。但不是每一个被我们称作朋友的人都是我们的朋友,朋友有时只是一个称呼,只有真正真诚、相知、心灵相通、情感深厚的人,才是我们真正意义上的朋友。这样的朋友,这样的情谊,连上苍也会被感动。

有两个朋友患难与共,形同亲兄弟。上帝不相信人间还有真正的友谊,于是就设计考验他们。

有一天,这两位朋友在大沙漠中迷失了方向,面临死亡。这时,上帝出现了:“我的孩子,前面一棵树上有两个苹果,吃下大的那个，就能抗拒死亡，走出沙漠，小的那个，只能令你苟延残喘，最终还会极痛苦地死去。”

两个朋友向前走了一段路，果然发现了一棵树，也发现了树上的两个苹果。可是，他们谁也不会碰那个会给一个人带来生命之光的果子。

夜深了，两个好朋友深情地凝望着对方，他们都相信，这是他们的最后一晚。

当太阳从沙漠的一端再次升起的时候，其中一个朋友醒了过来，他发现，另一位朋友不在了，而树上只剩下一个干干巴巴的小苹果。他失望了，不是因为死亡，而是因为朋友的背叛。他悲愤地吃下这个苹果，继续向前方走去。走了半个多小时，他看见了倒在地下的朋友，朋友已经停止呼吸了，可是他的手上紧紧握着一个更小的苹果。他为自己怀疑了朋友的情谊而愧悔，又为失去了最好的朋友而痛不欲生，于是自尽了。

两个人死后见了面，说了前因后果，紧紧地拥抱在一起。然后他们去见上帝，上帝哈哈大笑，我就知道人间不可能有真正的友谊！两个朋友同声说：“你错了！”上帝说：“难道你们不是因为偷吃了大苹果或是为抢大苹果而死了的吗？”

两个朋友手拉着手，相视一笑：“当然不是的。”当上帝听见来龙去脉后，也禁不住感动了，于是让他们重返人间。两个朋友到老都保持着真诚的友谊。

朋友是冬日的暖阳，温暖而知心；朋友是春天的花朵，芳香而隽永；朋友是夏天的微风，凉爽而宜人；朋友是秋天的细雨，柔和又满怀诗情；朋友是来时相视一笑开心的欢乐，是离开时的惘然若失的失落，是想起时静静的偷笑，是回忆时别样的温柔。朋友是一个美丽永远的梦呓，朋友是幸福的源头福地，携手朋友，幸福就在手中。所以要珍惜友情，一生也不要放开朋友的手。

生命是一场漂泊的漫漫旅程，遇见了谁都是一个美丽的意外。珍惜每一个可以让你称作朋友的人，就会赢取幸福。要以诚实之心对朋友，要以奉献之心爱朋友，要以忍让之心待朋友，要以宽厚之心接受朋友。既然是朋友，就有相知相遇的情谊，为什么不能宽厚一些、大度一些，何必斤斤计较呢？

财富不是一辈子的朋友，朋友却是一辈子的财富。有时候你会被朋友的一句话触动，因为真诚；有时候会为朋友的一首歌感动得泪流满面，因为动情；有时候会把与朋友一起的回忆当作习惯，因为思念；有时候会自觉不自觉地给朋友发出一条短信，因为牵挂。真心的朋友是最值得我们去珍重的，不要等到无法挽留的时候才幡然悔悟，不要等到覆水难收的时候再来设法弥补。我们要关心、珍爱朋友，帮助朋友，与朋友一道共同创造财富，共享美好生活。

有朋友的日子里心情似阳光灿烂，有朋友的日子幸福绵长。朋友共相处，虽不是暮暮朝朝，如醴如饴，但却在相聚时彼此呵护，分开后彼此牵挂。朋友有比音乐更优美的旋律，有比抒情散文更深长的意味，有比诗歌更美丽的飘逸，和朋友一起刚刚走过昨天却又期待着明天。有朋友的时候你发现自己已经拥有了一切，有朋友就有人和我们一起共享人生的幸福！

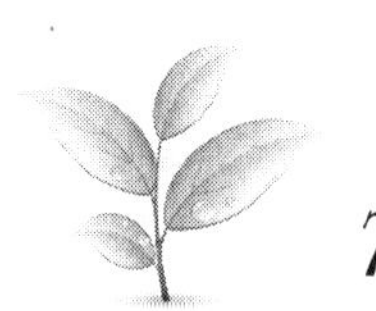

7.满怀爱心，让每一天都快乐幸福

“爱”是友好的表示，是人性的温暖，是亲情的凝聚，是和谐的前提，爱亲人，爱朋友，爱恋人，爱同事，爱老人，爱孩子……因为有爱，这世界从此不同，因为有爱，心中的幸福更浓。

一位台北的女子，对于拥有爱心、幸福更多的感悟很深：

那天跟老公幸运地订到了票回婆家，上车后却发现有位女士坐在我们的位子上，老公示意我先坐在她旁边的位子，却没有请这位女士让位。我仔细一看，发现她右脚有一点不方便，才了解老公为何不请她让出位子。

他就这样从嘉义一直站到台北，从头到尾都没向这位女士表示这个位子是他的，下了车之后，心疼老公的我跟他说："让位是善行，但从嘉义到台北这么久，大可中途请她把位子还给你，换你坐一下。"老公却说："人家不方便一辈子，我们就不方便三小时而已"。听到老公这么说，我相当感动，有这么一位善良又为善不欲人知的好老公，让我觉得世界都变得温柔许多。

人间处处有真情，小小的爱心，就能成全他们，感动亲人。爱心，是多么美好、纯粹、水晶般的心啊！爱心能带给人雪中送炭的温暖与感动，能给人的心灵以震撼与洗礼，爱心能让我们快乐和幸福。

一个又冷又黑的夜里，在美国中部一个乡村的道路上，一位老太太的汽车抛锚了。由于这里人烟稀少，她等了半小时左右，终于有一辆车经过，开车的男子见此情况便下车帮忙，几分钟以后，汽车修好了。老太太问开车的男子要多少钱，他回答说，他这样做，并不是为了钱，而是为了助人为乐。但老太太坚持要付些钱作为报酬，否则觉得自己过意不去，开车的男子谢绝了她的好意，并建议她将钱给那些比他需要的人，最后，他们各自上了路。

紧接着，老太太来到了一家路边的咖啡馆，一位怀孕的女招待即刻给她煮了一杯热咖啡，并问她为什么这么晚还赶路，于是老太太就将刚才发生的事情讲述给她听。女招待听后感慨道，这样的好人真是难得。然后老太太也问女招待为什么工作到那么晚，女招待说是为了迎接孩子的出世，而需要第二份工作，这第二份工作就是夜晚兼职当咖啡馆的女招待。老太太听后执意要女招待收下200美元的小费，女招待说，我不能收下那么多的小费，老太太坚持说，你比我更需要它！

女招待回到家，把这件事告诉了丈夫，结果很让人惊讶，她的丈夫就是那位好心地帮助修车的男子。

有爱心的人，终将幸福。当一个人经常无私帮助别人时，他的整个心态是平和的、从容的、积极的，不论什么样的困难都不再害怕，而当他的善念得到真实的回报时，就更加感到充实、感到快乐。

那么，为什么不能奉献我们的爱心，让我们每一天都在融融的爱意中生活，让幸福和快乐时刻相伴呢？当爱心油然而生的时候，心中的温柔和感动，就是我们幸福和快乐最大的理由！